CPA
高频高分 主观题
会 计

高顿教育CPA考试研究院 编著

中国税务出版社

图书在版编目（CIP）数据

CPA高频高分主观题. 会计／高顿教育CPA考试研究
院编著. --北京：中国税务出版社，2020.6
ISBN 978-7-5678-0981-9

Ⅰ. ①C… Ⅱ. ①高… Ⅲ. ①会计学–资格考试–自
学参考资料 Ⅳ. ①F23

中国版本图书馆CIP数据核字（2020）第083040号

书　　名：CPA高频高分主观题·会计
作　　者：高顿教育CPA考试研究院 编著
责任编辑：庞　博　张　赛
责任校对：姚浩晴
技术设计：刘冬珂
出版发行：中国税务出版社
　　　　　北京市丰台区广安路9号国投财富广场1号楼11层
　　　　　邮政编码：100055
　　　　　http://www.taxation.cn
　　　　　E-mail：swcb@taxation.cn
　　　　　发行中心电话：（010）83362083/85/86
　　　　　传真：（010）83362047/48/49
经　　销：各地新华书店
印　　刷：常熟高专印刷有限公司
规　　格：787毫米×1092毫米　1/16
印　　张：12.75
字　　数：311000字
版　　次：2020年6月第1版　2020年6月第1次印刷
书　　号：ISBN 978-7-5678-0981-9
定　　价：48.00元

前 言

注册会计师（CPA）全国统一考试是由中华人民共和国财政部依据《中华人民共和国注册会计师法》和《注册会计师全国统一考试办法》设立的专业技术人员准入类职业资格考试，由中国注册会计师协会组织实施。CPA 全国统一考试划分为专业阶段考试和综合阶段考试。考生在通过专业阶段考试的全部科目后，才能参加综合阶段考试。专业阶段考试的单科考试合格成绩 5 年内有效。本丛书仅针对专业阶段考试。

为帮助 CPA 应考人员更系统地掌握主观题解题方法，顺利通过考试，高顿教育 CPA 考试研究院组织编写了这套 "CPA 高频高分主观题" 系列丛书。

本丛书定位于专项应试辅导，与真实考情紧密结合。编者根据近几年的考试情况，精心筛选出了 CPA 主观题高频考点，通过系统阐述分析，辅以经典试题与模拟训练，帮助考生更加有的放矢地理解和掌握考试大纲的内容，缩小备考范围，提高备考效率。

为了便于考生更好地理解和使用本书，下面对丛书各部分的功能进行简单介绍。

第一部分，命题趋势与考点聚焦。这一部分主要概括各章在历年 CPA 考试中涉及主观题的考试题型、所占分值等，对各章的整体考情进行综合分析。此外，还有编者精心总结的备考及答题方法建议，避免考生盲目复习。

第二部分，精讲精练。这一部分是本丛书的核心所在，以专题的形式呈现近年 CPA 主观题的高频考点。每一个专题都包含四个部分：考情分析、经典试题及解析、模拟训练、答题方法论。考生既可以按照本书的编写顺序进行学习；亦可以浏览考情分析与答题方法论后，再进行经典试题演练与模拟训练。考情分析是对每一专题的特点、呈现形式、分值分配、难易程度等基本情况的概括；经典试题部分是从历年考试中精选出来的具有代表性的题目；模拟训练可以作为学习效果的检测；答题方法论是对相应专题高频考点及答题技巧的总结。另外，每道题目都配有二维码，考生可以扫码免费查看该题的详细视频解析。

第三部分，附录（部分科目）。此部分根据科目特点收录了相应的备考资料，如需要记忆的高频法条、税率一览表等，以帮助考生进行考前查阅、记忆或背诵。

本丛书不仅适合 CPA 应考人员，也面向想要提升财经知识的广大朋友。尽管我们本着精益求精的态度编写本丛书，但由于时间有限，书中难免有错漏和不足之处，恳请读者批评指正。

高顿教育 CPA 考试研究院

目 录

第一部分

2020 年
CPA 主观题命题趋势
与考点聚焦

一、主观题概况

CPA 会计主观题的题型、题量等概况如表 1 所示。

表 1 2020 年 CPA 会计主观题概况

题型	计算分析题	综合题
题量	2 题	2 题
对应章节	租赁、债务重组、投资性房地产、资产减值、股份支付、收入、政府补助、金融工具、外币折算、资产负债表日后事项、持有待售的非流动资产及处置组和终止经营、每股收益、政府及民间非营利组织会计	所得税、长期股权投资、企业合并、合并财务报表、前期差错更正
分值	每题 10 分	每题 18 分
建议考试用时	40 分钟	1 小时 20 分钟
特征	范围广，每年考试变动较大，难度相比综合题略低，目的是考查考生是否复习全面	范围窄，比较常见的是一道综合题考查长期股权投资与合并财务报表（可能会带所得税），另一道综合题考查前期差错更正

二、主观题命题特点

根据近十年的 CPA 会计主观题命题情况及概率，考核的方向主要是金融工具、股份支付与每股收益、收入、所得税、长期股权投资与合并财务报表、借款费用、持有待售的非流动资产及处置组和终止经营、资产减值、外币折算、前期差错更正，所以本书分七个专题进行编写。

在七个专题中，根据历年的考试情况，出计算分析题概率高的是：专题一 金融工具，专题二 股份支付与每股收益，专题三 收入，专题六 租赁、债务重组、资产减值、借款费用、外币折算与持有待售等；出综合题概率高的是：专题四 所得税，专题五 长期股权投资与合并财务报表，专题七 前期差错更正。考生应根据上述情况，有针对性地复习备考，从而提高学习效率。

现对七个专题进行考情介绍：

专题一 金融工具，初始计量一定要注意手续费的处理问题，有些是计入投资收益，有些是计入入账价值；后续计量需要注意哪些金融资产有减值，哪些金融资产可以进行重分类；处置时需要注意差额是计入投资收益还是留存收益。

专题二 股份支付与每股收益，需要注意权益结算应为授予日当天权益工具的公允价值，现金结算应为每一资产负债表日权益工具的公允价值。每股收益需要注意分发股票股利导致的每股收益的重新计算，以及结合限制性股票的考核。

专题三　收入，注意对收入确认与计量"五步法"的理解、掌握及应用。

专题四　所得税，其实本质上所得税的解题思路是高度统一的，所以通过后续专题的练习，对于所得税的考题可以做到全面掌握。所得税需要区分暂时性差异和永久性差异，准确计算递延所得税资产与递延所得税负债。

专题五　长期股权投资与合并财务报表，是难度系数最高的一个专题，也是最重要的专题，几乎必考一道综合题，考生一定要在掌握好长期股权投资的基础上去学习合并财务报表，这样才可以事半功倍。考生在学习教材时，可将两章内容结合在一起学习。对于长期股权投资，掌握好初始计量及后续计量；对于合并财务报表，考生既要掌握基本的同一合并合并日及日后报表编制和非同一合并购买日及日后报表编制，也需要掌握内部交易在合并财务报表的处理（特别是存货和固定资产内部交易），更需要掌握增资减资的特殊事项合并财务报表的处理。

专题六　租赁、债务重组、资产减值、借款费用、外币折算与持有待售等，本专题内容涉及六个章节，每一章节并非每年必出主观题。

专题七　前期差错更正，在《会计》教材位于第二章，但实际上并不适合前期学习和练习，因为本专题的综合性最强，几乎可以结合任何章节出题，所以适合后期学习。历年考题经常将其与收入、金融工具或职工薪酬结合在一起考查。

三、2020 年教材变化及分析

2020 年注册会计师全国统一考试辅导教材《会计》（以下简称教材）相比 2019 年教材，有实质性变化的章节如下：

（1）租赁重新编写；

（2）债务重组重新编写；

（3）对非货币性资产交换的适用范围重新进行了界定。

四、高频考点聚焦

本书七个专题中，历年高频考点及其难度等情况具体见表2。

表2 2020年CPA会计主观题高频考点聚焦

专题	考点	难度	频率
专题一 金融工具	金融资产初始计量	★★	高
	金融资产后续计量	★★	高
	金融工具减值	★★★	中
	金融资产重分类规则	★★★	中
	金融资产是否终止确认的判定	★★	中
	金融负债和权益工具的划分	★★	中
	金融资产分类规则	★★	中
	金融负债	★★	低
	衍生工具	★★	低
	套期工具	★★★	低
专题二 股份支付与每股收益	股票期权股份支付	★★	高
	每股收益	★★	高
	限制性股票股份支付	★★★	中
	集团股份支付	★★★	中
	现金股票增值权股份支付	★★	低
专题三 收入	收入确认和计量"五步法"	★★★	高
	附有销售退回的销售	★★	高
	附有客户额外购买选择权的销售	★★	高
	售后回购的会计处理	★★	中
	授予知识产权	★★	中
	附有质保条款的会计处理	★★	低
	建造合同	★★★	低
	亏损合同	★★★	低
	重大融资成分	★★	低
专题四 所得税	暂时性差异及递延所得税确认	★★★	高
	永久性差异	★★★	高
	暂时性差异转回及递延所得税转回	★★★	高
	所得税费用确认	★★★	高
	税率变更	★★★	中
	股份支付确认递延所得税	★★★	低

（续表）

专题	考点	难度	频率
专题五 长期股权投资与合并财务报表	长期股权投资的初始计量	★★	高
	权益法下初始投资成本调整	★	高
	权益法下净利润的修正	★★★	高
	非同一控制下企业合并	★★★	高
	内部交易	★★★	高
	金融工具转成本法	★★★	高
	权益法转成本法	★★★	高
	成本法转金融工具	★★★	高
	成本法转权益法	★★★	高
	购买少数股东权益	★★★	高
	长期股权投资、合并财务报表以及所得税	★★★	中
	或有对价	★★★	低
	同一控制下企业合并	★★★	低
	反向购买	★★★	低
专题六 租赁、债务重组、资产减值、借款费用、外币折算与持有待售租赁、债务重组等	持有待售的非流动资产及处置组和终止经营	★★	高
	借款费用	★★	高
	资产减值	★★	中
	外币折算	★★	低
	租赁	★★★	高
	债务重组	★★	中
专题七 前期差错更正	收入的差错更正	★★★	高
	金融工具的差错更正	★★★	高
	职工薪酬的差错更正	★★★	高
	租赁的差错更正	★★	中
	投资性房地产的差错更正	★★	中
	固定资产的差错更正	★	低
	无形资产的差错更正	★	低

第二部分

CPA主观题
高频考点精讲精练

专题一

金融工具

考情分析 ▼

金融工具

专题特点 本专题既可独立出题，也可与债务重组、非货币性资产交换、长期股权投资、合并财务报表及差错更正结合进行考查

呈现形式 以单选题、多选题、计算分析题、综合题的形式考查，因2018年教材对本专题进行了重新编写，故可适用现行准则的历年经典试题较少

分值分配 分值为6~12分，通常出1道计算分析题

答题技巧 债权投资与其他债权投资比较学习，交易性金融资产与其他权益工具投资比较学习

难易程度 ★★★

专题概况
了解一下

▶ 经典试题及解析

经典试题 1·计算分析题

2×17 年 7 月 10 日，甲公司与乙公司签订股权转让合同，以 2 600 万元的价格受让乙公司所持丙公司 2% 股权。同日，甲公司向乙公司支付股权转让款 2 600 万元；丙公司的股东变更手续办理完成。受让丙公司股权后，甲公司将其指定为以公允价值计量且其变动计入其他综合收益的金融资产。

2×17 年 8 月 5 日，甲公司从二级市场购入丁公司发行在外的股票 100 万股（占丁公司发行在外有表决权股份的 1%），支付价款 2 200 万元，另支付交易费用 1 万元。根据丁公司股票的合同现金流量特征及管理丁公司股票的业务模式，甲公司持购入的丁公司股票作为以公允价值计量且其变动计入当期损益的金融资产核算。

2×17 年 12 月 31 日，甲公司所持上述丙公司股权的公允价值为 2 800 万元，所持上述丁公司股票的公允价值为 2 700 万元。

2×18 年 5 月 6 日，丙公司股东会批准利润分配方案，向全体股东共计分配现金股利 600 万元，2×18 年 7 月 12 日，甲公司收到丙公司分配的股利 12 万元。

2×18 年 12 月 31 日，甲公司所持上述丙公司股权的公允价值为 3 200 万元。所持上述丁公司股票的公允价值为 2 400 万元。

2×19 年 9 月 6 日，甲公司将所持丙公司 2% 股权予以转让，取得款项 3 300 万元，2×19 年 12 月 4 日，甲公司将所持上述丁公司股票全部出售，取得款项 2 450 万元。

其他相关资料：

（1）甲公司对丙公司和丁公司不具有控制、共同控制或重大影响。

（2）甲公司按实际净利润的 10% 计提法定盈余公积，不计提任意盈余公积。

（3）不考虑税费及其他因素。

要求：

（1）根据上述资料，编制甲公司与购入、持有及处置丙公司股权相关的全部会计分录。

（2）根据上述资料，编制甲公司与购入、持有及处置丁公司股权相关的全部会计分录。

（3）根据上述资料，计算甲公司处置所持丙公司股权及丁公司股票对其 2×19 年度净利润和 2×19 年 12 月 31 日所有者权益的影响。

（答案中的金额单位用万元表示）

<解析>

（1）2×17 年 7 月 10 日，甲公司购入丙公司股权：

借：其他权益工具投资——成本　　　　　　　　　　　　　2 600
　　贷：银行存款　　　　　　　　　　　　　　　　　　　　　2 600

2×17 年 12 月 31 日，甲公司持有丙公司股权的公允价值增加：

借：其他权益工具投资——公允价值变动　　　　　　　　　　200
　　贷：其他综合收益　　　　　　　　　　　　　　　　　　　200

2×18 年 5 月 6 日，批准分配现金股利：

借：应收股利　　　　　　　　　　　　　　　　　　　　　　12
　　贷：投资收益　　　　　　　　　　　　　　　　　　　　　12

2×18 年 7 月 12 日，甲公司收到丙公司分配的股利：

借：银行存款　　　　　　　　　　　　　　　　　　　　　　12
　　贷：应收股利　　　　　　　　　　　　　　　　　　　　　12

2×18 年 12 月 31 日，甲公司持有丙公司股权的公允价值增加：

借：其他权益工具投资——公允价值变动　　　　　　　　　　400
　　贷：其他综合收益　　　　　　　　　　　　　　　　　　　400

2×19 年 9 月 6 日，甲公司转让持有的丙公司股权：

借：银行存款　　　　　　　　　　　　　　　　　　　　　3 300
　　贷：其他权益工具投资——成本　　　　　　　　　　　　2 600
　　　　　　　　　　　　　　——公允价值变动　　　　　　　600
　　　盈余公积　　　　　　　　　　　　　　　　　　　　　　10
　　　利润分配——未分配利润　　　　　　　　　　　　　　　90

借：其他综合收益　　　　　　　　　　　　　　　　　　　　600
　　贷：盈余公积　　　　　　　　　　　　　　　　　　　　　60
　　　利润分配——未分配利润　　　　　　　　　　　　　　　540

（2）2×17 年 8 月 5 日，甲公司购入丁公司股票：

借：交易性金融资产——成本　　　　　　　　　　　　　　2 200
　　投资收益　　　　　　　　　　　　　　　　　　　　　　　1
　　贷：银行存款　　　　　　　　　　　　　　　　　　　　2 201

2×17 年 12 月 31 日，甲公司持有丁公司股票的公允价值增加：

借：交易性金融资产——公允价值变动　　　　　　　　　　　500

知识点
其他权益工具投资核算、交易性金融资产核算

扫码观看
视频解析

贷：公允价值变动损益	500

2×18 年 12 月 31 日，甲公司持有丁公司股票的公允价值减少：

借：公允价值变动损益	300
贷：交易性金融资产——公允价值变动	300

2×19 年 12 月 4 日，甲公司出售全部所持的丁公司股票：

借：银行存款	2 450
贷：交易性金融资产——成本	2 200
——公允价值变动	200
投资收益	50

（3）对 2×19 年甲公司净利润的影响金额为 50 万元，对其所有者权益的影响金额 = 100+50 = 150（万元）。

▶ 模拟训练

模拟题 1·计算分析题

甲股份有限公司（以下简称甲公司）于 2×13 年 1 月 1 日支付价款 3 000 万元（含交易费用 10 万元）从上海证券交易所购入 A 公司同日发行的 5 年期公司债券 37 500 份，具体情况如下：

（1）债券票面价值总额为 3 750 万元，票面年利率为 4.72%，实际利率为 10%，A 公司于 2×13 年年末支付本年度债券利息（即每年利息为 177 万元），本金在债券到期时一次性偿还。合同约定，该债券的发行方在遇到特定情况时可以将债券赎回，且不需要为提前赎回支付额外款项。甲公司在购买该债券时，预计发行方不会提前赎回。甲公司根据其管理该债券的业务模式和该债券的合同现金流量特征，将该债券分类为以摊余成本计量的金融资产。

（2）2×14 年 12 月 31 日，甲公司收到 2×14 年的年度利息 177 万元，甲公司持有的该债券信用风险自初始确认后显著增加，甲公司按整个存续期确认预期信用损失准备 90 万元，当日市场利率 9%。

（3）2×15 年 12 月 31 日，甲公司顺利收回当年利息 177 万元，因债务人发生重大财务困难，该金融资产已发生信用减值，甲公司按整个存续期确认预期信用损失准备 300 万元，当日市场利率 8%。

（4）2×17年1月1日，因甲公司管理金融资产的业务模式发生变更，将上述债券重分类为以公允价值计量且其变动计入当期损益的金融资产，当天债券的公允价值为3 100万元。

其他相关资料：不考虑所得税、增值税等相关因素。

要求：根据上述资料，请为甲公司编制与A公司债券相关的会计分录。（假设四舍五入取万元整数，答案中的金额单位用万元表示）

<解析>

甲公司债权投资摊余成本如下表所示。

知识点
债权投资减值、重分类为交易性金融资产

债权投资摊余成本　　　　　　　　　　　单位：万元

年份	期初（A）	实际利息（B＝A×10%）	现金流入（C）	期末（D＝A+B−C）
2×13	3 000（账面余额＝摊余成本）	300	177	3 123（账面余额＝摊余成本）
2×14	3 123（账面余额＝摊余成本）	312	177	3 258（账面余额）
—	—	—	—	3 258（账面余额）
2×15	3 258（账面余额）	326	177	3 407（账面余额）
—	—	—	—	3 107（摊余成本）
2×16	3 107（摊余成本）	311	177	3 241（摊余成本）

（1）2×13年1月1日，甲公司购入债券：

借：债权投资——成本　　　　　　　　　　　　　　　　　　3 750

　　贷：银行存款　　　　　　　　　　　　　　　　　　　　　　3 000

　　　　债权投资——利息调整　　　　　　　　　　　　　　　　750

（2）2×13年12月31日，A公司支付本年度债券利息，甲公司收取：

借：应收利息　　　　　　　　　　　　　　　　　　　　　177

　　债权投资——利息调整　　　　　　　　　　　　　　　　123

　　贷：投资收益　　　　　　　　　　　　　　　　　　　　　300

借：银行存款　　　　　　　　　　　　　　　　　　　　　177

　　贷：应收利息　　　　　　　　　　　　　　　　　　　　　177

（3）2×14年12月31日，甲公司收到本年度利息，并确认预期信用损失准备：

借：应收利息　　　　　　　　　　　　　　　　　　　　　177

　　债权投资——利息调整　　　　　　　　　　　　　　　　135

　　贷：投资收益　　　　　　　　　　　　　　　　　　　　　312

扫码观看
视频解析

借：银行存款 177

  贷：应收利息 177

借：信用减值损失 90

  贷：债权投资减值准备 90

（4）2×15 年 12 月 31 日，甲公司收到本年度利息，并确认预期信用减值损失准备：

借：应收利息 177

  债权投资——利息调整 149

  贷：投资收益 326

借：银行存款 177

  贷：应收利息 177

借：信用减值损失 210（300－90）

  贷：债权投资减值准备 210

（5）2×16 年 12 月 31 日，甲公司收到本年度利息：

借：应收利息 177

  债权投资——利息调整 134

  贷：投资收益 311

借：银行存款 177

  贷：应收利息 177

（6）2×17 年 1 月 1 日，甲公司将债券进行重分类：

借：交易性金融资产 3 100

  公允价值变动损益 141（差额）

  债权投资——利息调整 209

  债权投资减值准备 300

  贷：债权投资——成本 3 750

模拟题 2 · 计算分析题

甲股份有限公司（以下简称甲公司）于 2×13 年 1 月 1 日支付价款 3 000 万元（含交易费用 10 万元）从上海证券交易所购入 A 公司同日发行的 5 年期公司债券 37 500 份，具体情况如下：

（1）债券票面价值总额为 3 750 万元，票面年利率为 4.72%，实际利率为 10%，A 公司于 2×13 年年末支付本年度债券利息（即每年利息为 177 万元），本金在债券到期时一次性偿还。合同约定，该债券的发行方在遇到特定情况时可以将债券赎回，且不需要为提前赎回支付额外款项。甲公司在购买该债券时，预计发行方不会提前赎回。甲公司根据其管理该债券的业务模式和该债券的合同现金流量特征，将该债券分类为以公允价值计量且其变动计入其他综合收益的金融资产。

（2）2×13 年 12 月 31 日，A 公司债券的公允价值为 3 600 万元（不含利息）。

（3）2×14 年 12 月 31 日，A 公司债券的公允价值为 3 900 万元（不含利息）。2×14 年12 月 31 日，甲公司收到 2×14 年的年度利息 177 万元，甲公司持有的该债券信用风险自初始确认后显著增加，甲公司按整个存续期确认预期信用损失准备 90 万元，当日市场利率 9%。

（4）2×15 年 12 月 31 日，A 公司债券的公允价值为 3 750 万元（不含利息）。2×15 年12 月 31 日，甲公司顺利收回当年利息 177 万元，债务人发生重大财务困难，该金融资产已发生信用减值，甲公司按整个存续期确认预期信用损失准备 300 万元，当日市场利率 8%。

（5）2×16 年 12 月 31 日，A 公司债券的公允价值为 3 600 万元（不含利息）。

（6）2×17 年 1 月 1 日，因甲公司管理金融资产的业务模式发生变更，将上述债券重分类为以摊余成本计量的金融资产，当天债券的公允价值为 3 600 万元。

其他相关资料：不考虑所得税、增值税等相关因素。

要求：根据上述资料，请为甲公司编制与 A 公司债券相关的会计分录。（假设四舍五入取万元整数，答案中的金额单位用万元表示）

<解析>

甲公司其他债权投资摊余成本如下表所示。

知识点
其他债权投资减值、重分类为债权投资

其他债权投资摊余成本　　　　单位：万元

年份	期初（A）	实际利息（B＝A×10%）	现金流入（C）	期末（D＝A+B−C）	公允价值
2×13	3 000（账面余额＝摊余成本）	300	177	3 123（账面余额＝摊余成本）	3 600
2×14	3 123（账面余额＝摊余成本）	312	177	3 258（账面余额）	3 900
—	—	—	—	3 258（账面余额）	—
2×15	3 258（账面余额）	326	177	3 407（账面余额）	3 750
—	—	—	—	3 107（摊余成本）	—
2×16	3 107（摊余成本）	311	177	3 241（摊余成本）	3 600

扫码观看
视频解析

（1）2×13 年 1 月 1 日，甲公司购入 A 公司债券：

借：其他债权投资——成本   3 750

 贷：银行存款   3 000

  其他债权投资——利息调整   750

（2）2×13 年 12 月 31 日，甲公司收到本年度债券利息，且债券公允价值增加：

借：应收利息   177

 其他债权投资——利息调整   123

 贷：投资收益   300

借：银行存款   177

 贷：应收利息   177

借：其他债权投资——公允价值变动 477（3 600-3 123）

 贷：其他综合收益——其他债权投资公允价值变动 477

（3）2×14 年 12 月 31 日，甲公司收到本年度债券利息，且债券公允价值增加，并确认预期信用减值损失准备：

借：应收利息   177

 其他债权投资——利息调整   135

 贷：投资收益   312

借：银行存款   177

 贷：应收利息   177

期末调整公允价值变动前的账面价值，调整后的账面价值 = 3 600 + 135 = 3 735（万元）。

借：其他债权投资——公允价值变动   165

 贷：其他综合收益——其他债权投资公允价值变动 165

借：信用减值损失   90

 贷：其他综合收益——信用减值准备   90

（4）2×15 年 12 月 31 日：

借：应收利息   177

 其他债权投资——利息调整   149

 贷：投资收益   326

期末调整公允价值变动前的账面价值，调整后的账面价值 = 3 900 + 149 = 4 049（万元）。

借：其他综合收益——其他债权投资公允价值变动   299

    贷：其他债权投资——公允价值变动   299

借：信用减值损失   210（300-90）

    贷：其他综合收益——信用减值准备   210

（5）2×16 年 12 月 31 日：

借：应收利息   177

    其他债权投资——利息调整   134

    贷：投资收益   311

借：银行存款   177

    贷：应收利息   177

期末调整公允价值变动前的账面价值，调整后的账面价值＝3 750＋134＝3 884（万元）

借：其他综合收益——其他债权投资公允价值变动   284

    贷：其他债权投资——公允价值变动   284

（6）2×17 年 1 月 1 日，有关账户余额如下表所示：

相关账户余额   单位：万元

账户	借方余额	贷方余额
其他债权投资——成本	3 750	
其他债权投资——利息调整		209
其他债权投资——公允价值变动	59	
其他综合收益——其他债权投资公允价值变动		59
其他综合收益——信用减值准备		300

会计分录如下：

借：其他综合收益——其他债权投资公允价值变动   59

    贷：其他债权投资——公允价值变动   59

借：债权投资——成本   3 750

    其他债权投资——利息调整   209

    贷：其他债权投资——成本   3 750

        债权投资——利息调整   209

借：其他综合收益——信用减值准备   300

    贷：债权投资减值准备   300

模拟题 3 · 计算分析题

2×17 年 7 月 10 日，甲公司与乙公司签订股权转让合同，以 640 万美元的价格受让乙公司所持丙公司 2% 股权，当日汇率为 1 美元=6.5 元人民币。同日，甲公司向乙公司支付股权转让款 640 万美元；丙公司的股东变更手续办理完成。受让丙公司股权后，甲公司将其指定为以公允价值计量且其变动计入其他综合收益的金融资产。

2×17 年 8 月 5 日，甲公司从二级市场购入丁公司发行在外的股票 160 万股（占丁公司发行在外有表决权股份的 1%），支付价款 440 万欧元，另支付交易费用 0.2 万欧元，当日汇率为 1 欧元=8 元人民币。根据丁公司股票的合同现金流量特征及管理丁公司股票的业务模式，甲公司持购入的丁公司股票作为以公允价值计量且其变动计入当期收益的金融资产核算。

2×17 年 12 月 31 日，甲公司所持上述丙公司股权的公允价值为 600 万美元，所持上述丁公司股票的公允价值为 500 万欧元。当日汇率为 1 美元=7 元人民币，1 欧元=7.5 元人民币。

2×18 年 5 月 6 日，丙公司股东会批准利润分配方案，向全体股东共计分配现金股利 200 万美元，2×18 年 7 月 12 日，甲公司收到丙公司分配的股利 4 万美元。5 月 6 日汇率为 1 美元=6.8 元人民币，7 月 12 日汇率为 1 美元=6.9 元人民币。

2×18 年 12 月 31 日，甲公司所持上述丙公司股权的公允价值为 580 万美元；所持上述丁公司股票的公允价值为 450 万欧元。当日汇率 1 美元=6.6 元人民币，1 欧元=7 元人民币。

2×19 年 9 月 6 日，甲公司将所持丙公司 2% 股权予以转让，取得款项 550 万美元，当日汇率为 1 美元=6.5 元人民币。2×19 年 12 月 4 日，甲公司将所持上述丁公司股票全部出售，取得款项 460 万欧元，当日汇率为 1 欧元=7.2 元人民币。

其他相关资料：

（1）甲公司对丙公司和丁公司不具有控制、共同控制或重大影响。

（2）甲公司按实际净利润的 10% 计提法定盈余公积，不计提任意盈余公积。

（3）不考虑税费及其他因素。

要求：

（1）根据上述资料，编制甲公司与购入、持有及处置丙公司股权相关的全部会计分录。

（2）根据上述资料，编制甲公司与购入、持有及处置丁公司股权相关的全部会计分录。

（3）根据上述资料，计算甲公司处置所持丙公司股权及丁公司股票对其 2×19 年度净利润和 2×19 年 12 月 31 日所有者权益的影响。

（答案中的金额单位用万元表示）

<解析>

（1）甲公司与购入、持有及处置丙公司股权相关的会计分录如下：

知识点

其他权益工具投资核算、交易性金融资产核算、外币折算

① 2×17 年 7 月 10 日：

借：其他权益工具投资——成本　　　　　　　4 160（640×6.5）

　　贷：银行存款　　　　　　　　　　　　　　　　　　4 160

② 2×17 年 12 月 31 日：

借：其他权益工具投资——公允价值变动　　　40（600×7－4 160）

　　贷：其他综合收益　　　　　　　　　　　　　　　　40

③ 2×18 年 5 月 6 日：

借：应收股利　　　　　　　　　　　　　　　27.2（4×6.8）

　　贷：投资收益　　　　　　　　　　　　　　　　　27.2

④ 2×18 年 7 月 12 日：

借：银行存款——美元　　　　　　　　　　　27.6（4×6.9）

　　贷：应收股利　　　　　　　　　　　　　　　　　27.2

　　　财务费用　　　　　　　　　　　　　　　　　　0.4

扫码观看
视频解析

⑤ 2×18 年 12 月 31 日：

借：其他综合收益　　　　　　　　　　　　　372（600×7－580×6.6）

　　贷：其他权益工具投资——公允价值变动　　　　　372

⑥ 2×19 年 9 月 6 日：

借：银行存款　　　　　　　　　　　　　　　3 575（550×6.5）

　　盈余公积　　　　　　　25.3 ［（4 160－3 575+40－372）×10%］

　　利润分配——未分配利润　　　　　　　　227.7

　　其他权益工具投资——公允价值变动　　　332（372－40）

　　贷：其他权益工具投资——成本　　　　　　　　　4 160

借：盈余公积　　　　　　　　　　　　　　　33.2（332×10%）

　　利润分配——未分配利润　　　　　　　　298.8

　　贷：其他综合收益　　　　　　　　　　　　　　　332

（2）甲公司与购入、持有及处置丁公司股权相关的会计分录如下：

① 2×17 年 8 月 5 日：

借：交易性金融资产——成本   3 520（440×8）

  投资收益   1.6（0.2×8）

  贷：银行存款   3 521.6

② 2×17 年 12 月 31 日：

借：交易性金融资产——公允价值变动   230（500×7.5-3 520）

  贷：公允价值变动损益   230

③ 2×18 年 12 月 31 日：

借：公允价值变动损益   600

  贷：交易性金融资产——公允价值变动 600（3 750-450×7）

④ 2×19 年 12 月 4 日：

借：银行存款   3 312（460×7.2）

  交易性金融资产——公允价值变动   370（600-230）

  贷：交易性金融资产——成本   3 520

    投资收益   162

（3）对 2×19 年净利润的影响金额为 162 万元，对所有者权益的影响金额＝-253＋162＝-91（万元）。

模拟题 4·计算分析题

甲上市公司（以下简称甲公司）经批准于 2×13 年 1 月 1 日以 8 000 万元的价格（不考虑相关税费）发行面值总额为 8 000 万元的可转换公司债券，用于安装某机器设备，发行费用为 100 万元。该可转换公司债券期限为 5 年，票面年利率为 5%。自 2×14 年起，每年 1 月 1 日支付上年利息。自 2×14 年 1 月 1 日起至 2×14 年 12 月 31 日，该可转换公司债券持有人可以申请按债券转换日的账面价值转为甲公司的普通股（每股面值 1 元），初始转换价格为每股 20 元，不足转为 1 万股的部分按每股 20 元以现金结清。债券发行时二级市场上与之类似的没有附带转换权的债券市场利率为 8%。

其他相关资料：

（1）2×13 年 1 月 1 日，甲公司收到发行价款，所筹资金用于机器设备的安装，该机器设备的安装于 2×13 年 12 月 31 日达到预定可使用状态并交付使用。

（2）2×14 年 1 月 2 日，该可转换公司债券的 80% 转为甲公司的普通股，相关手续已于当日办妥；未转为甲公司普通股的可转换公司债券持有至到期，其本金及最后一期利息一次结清。

假定：① 甲公司采用实际利率法确认利息费用；② 每年年末计提债券利息和确认利息费用；③ (P/F, 8%, 5) = 0.6806，(P/A, 8%, 5) = 3.9927，(P/F, 9%, 5) = 0.6499，(P/A, 9%, 5) = 3.8897。

要求：

（1）编制甲公司发行该可转换公司债券的会计分录。

（2）编制甲公司 2×13 年 12 月 31 日计提可转换公司债券利息和应确认的利息费用的会计分录。

（3）编制甲公司 2×14 年 1 月 1 日支付可转换公司债券利息的会计分录。

（4）计算 2×14 年 1 月 2 日可转换公司债券转为甲公司普通股的股数。

（5）编制甲公司 2×14 年 1 月 2 日与可转换公司债券转为普通股有关的会计分录。

（6）假设甲公司没有增发股票用于支付债券持有人行权时申请的股票，而是以回购发行在外股票的方式用于完成支付，回购价为 22 元/股。编写相关会计分录。

（7）编制甲公司 2×14 年 1 月 2 日转换日后至当年年末剩余未转换债券的相关会计分录。

（"应付债券"科目要求写出明细科目；金额单位用万元表示，答案保留两位小数）

＜解析＞

（1）2×13 年 1 月 1 日：

可转换公司债券中"纯债券"部分的发行价格 = 8 000×5%×(P/A, 8%, 5) + 8 000×(P/F, 8%, 5) = 7 041.88（万元）；存在 100 万元的发行费用，需要由"纯债券"和"转股权"两者共同承担，其中："纯债券"承担的费用额 = 100×7 041.88/8 000 = 88.02（万元）；"转股权"承担的费用额 = 100×958.12/8 000 = 11.98（万元）。

会计分录为：

借：银行存款   7 900

    应付债券——可转换公司债券（利息调整）

                 1 046.14 ［8 000-(7 041.88-88.02)］

    贷：应付债券——可转换公司债券（面值）   8 000

        其他权益工具   946.14

计算实际利率：6 953.86=400×(P/A，r，5)+8 000×(P/F，r，5)

用插值法求出实际利率 r=8.3%。（插值法在专题三模拟题 1 有详细介绍）

（2）2×13 年 12 月 31 日：

借：在建工程   577.17（6 953.86×8.3%）

    贷：应付利息   400

        应付债券——可转换公司债券（利息调整）   177.17

（3）2×14 年 1 月 1 日：

借：应付利息   400

    贷：银行存款   400

（4）2×14 年 1 月 2 日：

当日可转换公司债券的账面价值=6 953.86+177.17=7 131.03（万元）

理论转股数=7 131.03×80%÷20=285.24（万股）

按照约定，实际转股 285 万股，剩余 0.24 万股用现金 4.8 万元（0.24×20）支付替代。

（5）2×14 年 1 月 2 日：

借：应付债券——可转换公司债券（面值）   6 400（8 000×80%）

    其他权益工具   756.91（946.14×80%）

    贷：应付债券——可转换公司债券（利息调整）   695.18

                                ［(1 046.14−177.17)×80%］

        股本   285

        库存现金   4.8

        资本公积——股本溢价   6 171.93

（6）回购股票时：

借：库存股   6 270（285×22）

    贷：银行存款   6 270

转股日：

借：应付债券——可转换公司债券（面值）   6 400（8 000×80%）

    其他权益工具   756.91（946.14×80%）

    贷：应付债券——可转换公司债券（利息调整）   695.18

                                ［(1 046.14−177.17)×80%］

        库存股   6 270

        库存现金   4.8

资本公积——股本溢价		186.93

(7) 2×14 年 12 月 31 日：

借：财务费用　　　　　　　　118.38（7 131.03×20%×8.3%）

　　贷：应付利息　　　　　　　　　　　　　80（400×20%）

　　　　应付债券——可转换公司债券（利息调整）　　38.38

当日转股权到期作废：

借：其他权益工具　　　　　　189.23（946.14×20%）

　　贷：资本公积——股本溢价　　　　　　　189.23

模拟题 5·计算分析题

2×18 年 2 月 1 日，甲公司向乙公司发行以自身普通股为标的的看涨期权。根据该期权合同，如果乙公司行权（行权价为 255 元），则乙公司有权以每股 255 元的价格从甲公司购入普通股 1 000 股。相关资料如下：

（1）合同签订日为 2×18 年 2 月 1 日；

（2）行权日（欧式期权）为 2×19 年 1 月 31 日；

（3）2×18 年 2 月 1 日每股市价为 250 元；

（4）2×18 年 12 月 31 日每股市价为 260 元；

（5）2×19 年 1 月 31 日每股市价为 260 元；

（6）2×19 年 1 月 31 日应支付的固定行权价格为 255 元；

（7）期权合同中的普通股数量为 1 000 股；

（8）2×18 年 2 月 1 日期权的公允价值为 12 500 元；

（9）2×18 年 12 月 31 日期权的公允价值为 7 500 元；

（10）2×19 年 1 月 31 日期权的公允价值为 5 000 元。

其他相关资料：不考虑相关税费等其他因素。

要求：

（1）期权以现金净额结算，编制甲公司有关期权合约的会计分录。

（2）期权以普通股净额结算，编制甲公司有关期权合约的会计分录。

（3）期权以普通股总额结算，编制甲公司有关期权合约的会计分录。

＜解析＞

（1）情形一：期权以现金净额结算。

知识点

衍生工具

甲公司：2×19年1月31日，假设以现金总额方式结算，应向乙公司支付相当于本公司普通股1 000股市值的金额。

乙公司：同日，假设以现金总额方式结算，应向甲公司支付的金额＝购入股数（1 000）×每股行权价（255）＝255 000（元）。

甲公司的会计处理如下：

① 2×18年2月1日，确认发行的看涨期权：

借：银行存款　　　　　　　　　　　　　　　　　　　12 500
　　贷：衍生工具——看涨期权　　　　　　　　　　　　　　　12 500

② 2×18年12月31日，确认期权公允价值减少：

借：衍生工具——看涨期权　　　　　　　　　　　　　　5 000
　　贷：公允价值变动损益　　　　　　　　　　　　　　　　　5 000

③ 2×19年1月31日，确认期权公允价值减少：

借：衍生工具——看涨期权　　　　　　　　　　　　　　2 500
　　贷：公允价值变动损益　　　　　　　　　　　　　　　　　2 500

在同一天，乙公司行使了该看涨期权，合同以现金净额方式进行结算。甲公司有义务向乙公司交付260 000元（260×1 000），并从乙公司收取255 000元（255×1 000），甲公司实际支付净额为5 000元。反映看涨期权结算的会计处理如下：

借：衍生工具——看涨期权　　　　　　　　　　　　　　5 000
　　贷：银行存款　　　　　　　　　　　　　　　　　　　　　5 000

（2）情形二：期权以普通股净额结算。

甲公司的会计处理如下：

① 2×18年2月1日，确认发行的看涨期权：

借：银行存款　　　　　　　　　　　　　　　　　　　12 500
　　贷：衍生工具——看涨期权　　　　　　　　　　　　　　　12 500

② 2×18年12月31日，确认期权公允价值减少：

借：衍生工具——看涨期权　　　　　　　　　　　　　　5 000
　　贷：公允价值变动损益　　　　　　　　　　　　　　　　　5 000

③ 2×19年1月31日，确认期权公允价值减少：

借：衍生工具——看涨期权　　　　　　　　　　　　　　2 500
　　贷：公允价值变动损益　　　　　　　　　　　　　　　　　2 500

④ 2×19年1月31日：

借：衍生工具——看涨期权　　　　　　　　　　　　　　5 000

贷：股本   19

    资本公积——股本溢价   4 921 [（260-1）×19]

    银行存款   60（5 000-19×260）

（3）情形三：期权以普通股总额结算。

① 2×18 年 2 月 1 日，确认发行的看涨期权：

借：银行存款   12 500

    贷：其他权益工具   12 500

由于甲公司将以固定数量的自身股票换取固定金额现金，应将该衍生工具确认为权益工具。

② 2×18 年 12 月 31 日：

由于该期权合同确认为权益工具，无须进行后续的重新计量。甲公司无须就该期权的公允价值变动作出会计处理，因此，无须在 2×18 年 12 月 31 日编制会计分录。

③ 2×19 年 1 月 31 日，乙公司行权：

借：银行存款   255 000

    其他权益工具   12 500

    贷：股本   1 000

    资本公积——股本溢价   266 500

由于该看涨期权是价内期权（行权价格每股 255 元小于市场价格每股 260 元），乙公司在行权日行使了该期权，向甲公司支付了 255 000 元以获取 1 000 股甲公司股票。

▶▶ 答题方法论

1. 高频考点总结

本专题在历年真题中的高频、中频、低频考点，如表 3 所示。

表 3　金融工具主观题考点分频

考点	内容
高频考点	金融资产初始计量、金融资产后续计量、金融资产减值
中频考点	金融资产重分类规则、金融资产是否终止确认的判定、金融负债和权益工具的划分
低频考点	金融资产分类规则、金融负债、衍生工具、套期工具

2. 答题技巧

金融工具是指形成一方的金融资产并形成其他方的金融负债或权益工具的合同。考生应重点掌握金融资产的分类、计量和减值规则。具体解题技巧，如表 4 所示。

表 4　金融工具"六步法"答题策略

步骤	策略
第一步：金融资产的分类	（1）管理金融资产的业务模式； （2）金融资产的合同现金流量特征
第二步：金融资产的初始计量	（1）以公允价值计量且其变动计入当期损益的金融资产和金融负债，手续费计入投资收益； （2）其他类别的金融资产，手续费计入金融资产的账面价值
第三步：金融资产的后续计量	（1）以摊余成本计量的金融资产，期末核算利息收益； （2）以公允价值计量且其变动计入其他综合收益的金融资产，期末先核算利息收益，再将账面价值调为公允价值； （3）以公允价值计量且其变动计入当期损益的金融资产，后续计量确认股利或者利息收益，期末将账面价值调为公允价值
第四步：金融资产的处置规则	差额通常计入投资收益，但是如果处置的是其他权益工具投资，差额应当计入留存收益
第五步：金融资产的重分类规则	除了指定为以公允价值计量且其变动计入其他综合收益的金融资产不能重分类的外，剩下类别的金融资产可以相互重分类（即金融工具准则中的普通股投资不能重分类）
第六步：金融资产的减值规则	无须考虑以公允价值计量且其变动计入当期损益的金融资产和指定为以公允价值计量且其变动计入其他综合收益的金融资产（权益工具）的减值（即金融工具准则中的普通股投资无须减值）

专题二

股份支付与每股收益

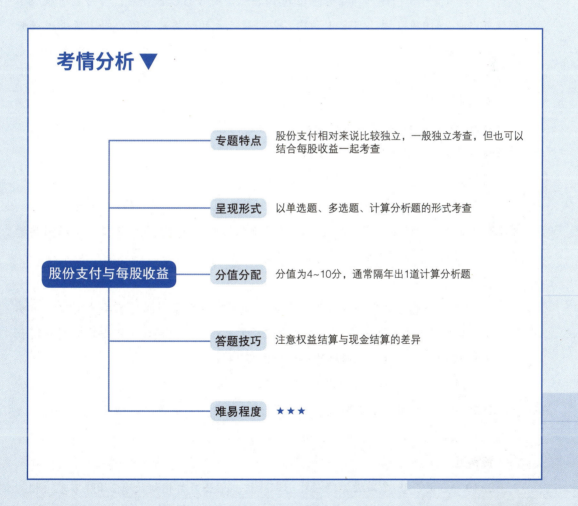

考情分析 ▼

股份支付与每股收益

专题特点	股份支付相对来说比较独立，一般独立考查，但也可以结合每股收益一起考查
呈现形式	以单选题、多选题、计算分析题的形式考查
分值分配	分值为4~10分，通常隔年出1道计算分析题
答题技巧	注意权益结算与现金结算的差异
难易程度	★★★

专题概况
了解一下

▶▶ 经典试题及解析

经典试题 1·计算分析题

2×16 年 1 月 1 日，经股东大会批准，甲上市公司（以下简称甲公司）与 50 名高级管理人员签署股份支付协议。协议规定：① 甲公司向 50 名高级管理人员每人授予 10 万股股票期权，行权条件为这些高级管理人员从授予股票期权之日起连续服务满 3 年，甲公司 3 年平均净利润增长率达到 12%；② 符合行权条件后，每持有 1 股股票期权可以自 2×19 年 1 月 1 日起 1 年内，以每股 5 元的价格购买甲公司 1 股普通股股票，在行权期间内未行权的股票期权将失效。甲公司估计授予日每股股票期权的公允价值为 15 元。2×16 年至 2×19 年，甲公司与股票期权有关的资料如下：

资料一

2×16 年 5 月，甲公司自市场回购本公司股票 500 万股，共支付款项 4 025 万元，作为库存股待行权时使用。

资料二

2×16 年，甲公司有 1 名高级管理人员离开公司，本年净利润增长率为 10%。该年末，甲公司预计未来两年将有 1 名高级管理人员离开公司，预计 3 年平均净利润增长率将达到 12%；每股股票期权的公允价值为 16 元。

资料三

2×17 年，甲公司没有高级管理人员离开公司，本年净利润增长率为 14%。该年末，甲公司预计未来 1 年将有 2 名高级管理人员离开公司，预计 3 年平均净利润增长率将达到 12.5%；每股股票期权的公允价值为 18 元。

资料四

2×18 年，甲公司有 1 名高级管理人员离开公司，本年净利润增长率为 15%。该年末，每股股票期权的公允价值为 20 元。

资料五

2×19 年 3 月，48 名高级管理人员全部行权，甲公司共收到款项 2 400 万元，相关股票的变更登记手续已办理完成。

要求：

（1）编制甲公司回购本公司股票时的相关会计分录。

（2）计算甲公司 2×16 年、2×17 年、2×18 年因股份支付应确认的费用，并编制相关会计分录。

(3) 编制甲公司高级管理人员行权时的相关会计分录。

(答案中的金额单位用万元表示)

<解析>

(1) 2×16 年 5 月，甲公司回购本公司股票时的相关会计分录如下：

借：库存股　　　　　　　　　　　　　　　　　　　　4 025

　　贷：银行存款　　　　　　　　　　　　　　　　　　　　4 025

(2) 甲公司 2×16 年、2×17 年、2×18 年因股份支付应确认的费用以及相关会计分录如下：

① 2×16 年应确认的费用 =（50-1-1）×10×15×1/3 = 2 400（万元）

借：管理费用　　　　　　　　　　　　　　　　　　　　2 400

　　贷：资本公积——其他资本公积　　　　　　　　　　　　2 400

② 2×17 年应确认的费用 =（50-1-2）×10×15×2/3-2 400 = 2 300（万元）

借：管理费用　　　　　　　　　　　　　　　　　　　　2 300

　　贷：资本公积——其他资本公积　　　　　　　　　　　　2 300

③ 2×18 年应确认的费用 =（50-1-1）×10×15-2 400-2 300 = 2 500（万元）

借：管理费用　　　　　　　　　　　　　　　　　　　　2 500

　　贷：资本公积——其他资本公积　　　　　　　　　　　　2 500

(3) 2×19 年 3 月，甲公司高级管理人员行权时的相关会计分录如下：

借：银行存款　　　　　　　　　　　　　　　　　　　　2 400

　　资本公积——其他资本公积　　　　7 200（2 400+2 300+2 500）

　　贷：库存股　　　　　　　　　　3 864［4 025÷500×（48×10）］

　　　　资本公积——股本溢价　　　　　　　　　　　　　　5 736

经典试题 2·计算分析题

甲股份有限公司（以下简称甲公司）于 2×13 年开始对高管人员进行股权激励。具体情况如下：

2×13 年 1 月 2 日，甲公司与 50 名高管人员签订股权激励协议并经股东大会批准。协议约定：甲公司向每名高管授予 12 万份股票期权，每份期权于到期日可以 8 元/股的价格购买甲公司 1 股普通股。该股票期权自股权激励协议签订之日起 3 年内分三期平均行权，即该股份支付协议包括等待期分别为1年、2年和3年的三项股份支付安排：2×13年年末甲公司实现的净利润较上一年度增长8%（含8%）以上，在职的高管人员持有的股票期权中每人可行权4万份；2×14年年末，如果甲公司2×13年、2×14年连续两年实现的净利润增长率达到8%（含8%）以上，在职的高管人员持有的股票期权中每人可行权4万份；2×15年年末，如果甲公司连续3年实现的净利润增长率达到8%（含8%）以上，则高管人员持有的剩余股票期权可以行权。当日甲公司估计授予高管人员的股票期权公允价值为5元/份。

2×13年，甲公司实现净利润12 000万元，较2×12年增长9%，预计股份支付剩余等待期内净利润仍能够以同等速度增长。2×13年甲公司普通股平均市场价格为12元/股。2×13年12月31日，甲公司的授予股票期权的公允价值为4.5元/份。2×13年，与甲公司签订了股权激励协议的高管人员没有离职，预计后续期间也不会离职。

2×14年，甲公司50名高管人员将至2×13年年末到期可行权的股票期权全部行权。2×14年，甲公司实现净利润13 200万元，较2×13年增长10%。2×14年，甲公司没有高管人员离职，预计后续期间也不会离职。2×14年12月31日，甲公司所授予股票期权的公允价值为3.5元/份。

其他相关资料：甲公司2×13年1月1日发行在外普通股为5 000万股，假定各报告期末发生其他影响发行在外普通股股数变动的事项，且甲公司不存在除普通股外其他权益工具。不考虑相关税费及其他因素。

要求：

（1）确定甲公司该项股份支付的授予日。计算甲公司2×13年、2×14年就该股份支付应确认的费用金额，并编制相关会计分录。

（2）编制甲公司高管人员2×14年就该股份支付行权的会计分录。

（3）计算甲公司2×13年基本每股收益。

（答案中的金额单位用万元表示）

<解析>

（1）授予日：2×13年1月2日。因为甲公司与高管人员在当日签订了股权激励协议并经股东大会批准。2×13年，甲公司应确认的成本费用=（50×4×5×1/1+50×4×5×1/2+50×4×5×1/3）=1 833.33（万元）。

相关会计分录如下：

借：管理费用　　　　　　　　　　　　　　　　　　　　　　1 833.33

　　贷：资本公积——其他资本公积　　　　　　　　　　　　　　1 833.33

2×14 年，甲公司应确认的成本费用=（50×4×5×2/2-50×4×5×1/2）+（50×4×5×2/3-50×4×5×1/3）= 833.33（万元）。

相关会计分录如下：

借：管理费用　　　　　　　　　　　　　　　　　　　　　　833.33

　　贷：资本公积——其他资本公积　　　　　　　　　　　　　　833.33

扫码观看
视频解析

（2）因职工行权增加的股本=50×4×1=200（万股）

形成的股本溢价=50×4×5×1/1+50×4×8-200=2 400（万元）

借：银行存款　　　　　　　　　　　　　　　　　　　　　　1 600

　　资本公积——其他资本公积　　　　　　　　　　　　　　　1 000

　　贷：股本　　　　　　　　　　　　　　　　　　　　　　　200

　　　　资本公积——股本溢价　　　　　　　　　　　　　　　2 400

（3）甲公司 2×13 年的基本每股收益=12 000÷5 000=2.4（元/股）

经典试题 3·综合题

甲股份有限公司（以下简称甲公司）为一家从事贵金属进口、加工生产及相关产品销售的企业，其 2×15 年发生了下列交易或事项：

2×15 年 1 月 2 日，甲公司股东大会通过向高管人员授予限制性股票的方案。方案规定：30 名高管人员每人以每股 5 元的价格购买甲公司 10 万股普通股，自方案通过之日起，高管人员在甲公司服务满 3 年且 3 年内公司净资产收益率平均达到 15% 或以上，3 年期满即有权利拥有相关股票。服务期未满或未达到业绩条件的，3 年期满后，甲公司将以每股 5 元的价格回购有关高管人员持有的股票。3 年等待期内，高管人员不享有相关股份的股东权利。

2×15 年 1 月 2 日，甲公司普通股的市场价格为每股 10 元；当日，被授予股份的高管人员向甲公司支付价款并登记为相关股票的持有人。

2×15 年，该计划涉及的 30 名高管人员中没有人离开甲公司，且预计未来期间不会有高管人员离开。2×15 年甲公司净资产收益率为 18%，预计未来期间仍有上升空间，在 3 年期间内平均净资产收益率达到 20% 的可能性较大。

其他相关资料：本题不考虑增值税等相关税费及其他因素。

要求：根据资料，说明甲公司 2×15 年应进行的会计处理并说明理由（包括应如何确认及相关理由，并编制会计分录）。

（答案中的金额单位用万元表示）

<解析>

甲公司所授予高管的限制性股票应作为股份支付处理，取得高管支付的价款应当确认为负债。

借：银行存款	1 500
贷：股本	300
资本公积	1 200
借：库存股	1 500
贷：其他应付款	1 500
借：管理费用	500
贷：资本公积	500［30×10×（10-5）÷3］

授予日有关限制性股票的市场价格高于高管实际支付的价格，其差额在未来3年内应作为股份支付费用计入相关期间损益。对于取得制性股票，因未来期间在没有达到行权条件时甲公司将以原价回购，不符合权益界定，应作为金融负债。

经典试题4·综合题

甲公司是一家上市公司，为建立长效激励机制，吸引和留住优秀人才，制订和实施了限制性股票激励计划。甲公司发生的与该计划相关的交易或事项如下：

（1）2×16年1月1日，甲公司实施经批准的限制性股票激励计划，通过定向发行股票的方式向20名管理人员每人授予50万股限制性股票，每股面值1元，发行所得款项8 000万元已存入银行，限制性股票的登记手续已办理完成。甲公司以限制性股票授予日公司股票的市价减去授予价格后的金额，确定限制性股票在授予日的公允价值为12元/股。

上述限制性股票激励计划于2×16年1月1日经甲公司股东大会批准。根据该计划，限制性股票的授予价格为8元/股。限制性股票的限售期为授予的限制性股票登记完成之日起36个月，激励对象获授的限制性股票在解除限售前不得转让、用于担保或偿还债务。限制性股票的解锁期为12个月，自授予的限制性股票登记完成之日起36个月后的首个交易日起，至授予的限制性股票登记完成之日起48个月内的最后一个交易日当日止，解锁期内，同时满足下列条件的，激励对象获授的限制性股票方可解除限售：激励对象自授予的限制性股票登记完成之日起工作满 3 年；以上年度营业收入为基数，甲公司 2×16 年度、2×17 年度及 2×18 年度 3 年营业收入增长率的算术平均值不低于 30%。限售期满后，甲公司为满足解除限售条件的激励对象办理解除限售事宜，未满足解除限售条件的激励对象持有的限制性股票由甲公司按照授予价格回购并注销。

（2）2×16 年度，甲公司实际有 1 名管理人员离开，营业收入增长率为 35%。甲公司预计 2×17 年度及 2×18 年度还有 2 名管理人员离开，每年营业收入增长率均能够达到 30%。

（3）2×17 年 5 月 3 日，甲公司股东大会批准董事会制定的利润分配方案，即以 2×16 年 12 月 31 日包括上述限制性股票在内的股份 45 000 万股为基数，每股分配现金股利 1 元，共计分配现金股利 45 000 万元。根据限制性股票激励计划，甲公司支付给限制性股票持有者的现金股利可撤销，即一旦未达到解锁条件，被回购限制性股票的持有者将无法获得（或需要退回）其在等待期内应收（或已收）的现金股利。

2×17 年 5 月 25 日，甲公司以银行存款支付股利 45 000 万元。

（4）2×17 年度，甲公司实际有 1 名管理人员离开，营业收入增长率为 33%。甲公司预计 2×18 年度还有 1 名管理人员离开，营业收入增长率能够达到 30%。

（5）2×18 年度，甲公司没有管理人员离开，营业收入增长率为 31%。

（6）2×19 年 1 月 10 日，甲公司对符合解锁条件的 900 万股限制性股票解除限售，并办理完成相关手续。

2×19 年 1 月 20 日，甲公司对不符合解锁条件的 100 万股限制性股票按照授予价格予以回购，并办理完成相关注销手续。在扣除已支付给相关管理人员股利 100 万元后，回购限制性股票的款项 700 万元已以银行存款支付给相关管理人员。

其他相关资料：

（1）甲公司 2×15 年 12 月 31 日发行在外的普通股为 44 000 万股。

（2）甲公司 2×16 年度、2×17 年度及 2×18 年度实现的净利润分别为 88 000 万元、97 650 万元、101 250 万元。

（3）本题不考虑相关税费及其他因素。

要求：

（1）根据资料（1），编制甲公司与定向发行限制性股票相关的会计分录。

（2）根据上述资料，计算甲公司 2×16 年度、2×17 年度及 2×18 年度因限制性股票激励计划分别应予确认的损益，并编制甲公司 2×16 年度相关的会计分录。

（3）根据上述资料，编制甲公司 2×17 年度及 2×18 年度与利润分配相关的会计分录。

（4）根据资料（6），编制甲公司解除限售和回购并注销限制性股票的会计分录。

（5）根据上述资料，计算甲公司 2×16 年度、2×17 年度及 2×18 年度的基本每股收益。

（答案中的金额单位用万元表示）

＜解析＞

扫码观看
视频解析

（1）会计分录如下：

借：银行存款　　　　　　　　　　　　　　　　　　　　　　　8 000

　　贷：股本　　　　　　　　　　　　　　　　　　　　1 000（20×50）

　　　　资本公积——股本溢价　　　　　　　　　　　　　　　　7 000

借：库存股　　　　　　　　　　　　　　　　　　　　　　　　8 000

　　贷：其他应付款——限制性股票回购义务　　　　　8 000（20×50×8）

（2）2×16 年度应确认管理费用及资本公积金额 =（20-1-2）×50×12×1/3 = 3 400（万元）

2×17 年度应确认管理费用及资本公积金额 =（20-1-1-1）×50×12×2/3-3 400 = 3 400（万元）

2×18 年度应确认管理费用及资本公积金额 =（20-1-1）×50×12-3 400-3 400 = 4 000（万元）

2×16 年度确认成本费用的处理如下：

借：管理费用　　　　　　　　　　　　　　　　　　　　　　　3 400

　　贷：资本公积——其他资本公积　　　　　　　　　　　　　　3 400

（3）2×17 年甲公司宣告及发放现金股利的会计处理如下：

借：利润分配——应付现金股利　　　　　　　　　　　　　　 44 850

　　其他应付款　　　　　　　　　　　　　　　　　　　　　　 150

　　贷：应付股利——限制性股票股利　　　　　　　　　　　 45 000

借：其他应付款——限制性股票回购义务　　　　　　　　　　　 850

　　贷：库存股　　　　　　　　　　　　　　　　　　　　　　 850

借：应付股利　　　　　　　　　　　　　　　　　　　　　　45 000

　　贷：银行存款　　　　　　　　　　　　　　　　　　　　 45 000

2×18 年甲公司宣告及发放现金股利的会计处理如下：

借：利润分配——应付现金股利　　　　　　　　　　　　　　50

　　贷：其他应付款　　　　　　　　　　　　　　　　　　　　50

借：其他应付款　　　　　　　　　　　　　　　　　　　　50

　　贷：库存股　　　　　　　　　　　　　　　　　　　　　　50

（4）会计分录如下：

借：其他应付款　　　　　　　　　　　　　　6 300（18×50×8-900）

　　贷：库存股　　　　　　　　　　　　　　　　　　　　6 300

借：其他应付款　　　　　　　　　　　　　　700（100×8-100）

　　贷：银行存款　　　　　　　　　　　　　　　　　　　　700

借：股本　　　　　　　　　　　　　　　　　　100

　　资本公积　　　　　　　　　　　　　　　　700

　　　贷：库存股　　　　　　　　　　　　　　　　　　　　800

借：资本公积——其他资本公积　　　　　　　10 800（18×50×12）

　　贷：资本公积——股本溢价　　　　　　　　　　　　10 800

（5）2×16年度的基本每股收益=88 000/44 000=2（元/股）

2×17年度的基本每股收益=（97 650-850）/44 000=2.2（元/股）

2×18年度的基本每股收益=（101 250-50）/44 000=2.3（元/股）

▶▶ 模拟训练

模拟题1·计算分析题

甲股份有限公司（以下简称甲公司）于2×17年开始对高管人员进行股权激励。具体资料如下：

资料一

甲公司于2×17年1月5日与50名高管人员签订股权激励协议并经股东大会批准。该协议约定：甲公司向每名高管授予18万份股票期权，每份期权于到期日可以10元/股的价格购买甲公司1股普通股。该股票期权自股权激励协议签订之日起3年内分三期平均行权，即该股份支付协议包括等待期分别为1年、2年和3年的三项股份支付安排：2×17年年末甲公司实现的净利润较上一年度增长12%（含12%）以上，在职的高管人员持有的股票期权中每人可行权6万份；2×18年年末，如果甲公司

2×17年、2×18年连续两年实现的净利润增长率达到12%（含12%）以上，在职的高管人员持有的股票期权中每人可行权6万份；2×19年年末，如果甲公司连续3年实现的净利润增长率达到12%（含12%）以上，则高管人员持有的剩余股票期权可以行权。2×17年1月5日，甲公司普通股市场价格为16元/股。

资料二

2×17年，甲公司实现净利润15 000万元，较2×16年增长12%，预计股份支付剩余等待期内净利润仍能够以同等速度增长。2×17年，甲公司普通股平均市场价格为18元/股。2×17年，与甲公司签订了股权激励协议的高管人员有1人离职，预计2×18年与2×19年中各会有1人离职。

资料三

2×18年，甲公司49名高管人员将至2×17年年末到期可行权的股票期权全部行权，甲公司收到款项，且相关股票的变更登记手续已办理完成。2×18年，甲公司实现净利润19 500万元，较2×17年增长13%。2×18年，甲公司没有高管人员离职，预计后续期间会有1人离职。

其他相关资料：甲公司2×17年1月1日发行在外普通股为8 000万股，2×17年5月1日，甲公司自市场回购本公司股票900万股，共支付款项10 800万元，作为库存股待行权时使用。假定各报告期未发生其他影响发行在外普通股股数变动的事项，且甲公司不存在除普通股外其他权益工具。不考虑相关税费及其他因素。

要求：

（1）确定甲公司该项股份支付的授予日，并说明理由。

（2）编制甲公司回购本公司股票时的相关会计分录。

（3）计算甲公司2×17年、2×18年就该股份支付应确认的费用金额，并编制相关会计分录。

（4）编制甲公司高管人员2×18年就该股份支付行权的会计分录。

（5）计算甲公司2×17年基本每股收益。

（答案中的金额单位用万元表示）

<知识点>

以权益结算的股份支付（分批解锁）、库存股、每股收益

<解析>

（1）授予日：2×17年1月5日。因为甲公司与高管人员在当日签订了股权激励协议并经股东大会批准。

（2）回购分录如下：

借：库存股   10 800

  贷：银行存款   10 800

（3）2×17年，行权价格=16-10=6（元），甲公司应确认的成本费用=(50-1)×6×6×1/1+(50-1-1)×6×6×1/2+(50-1-1-1)×6×6×1/3=3 192（万元）。

相关会计分录为：

借：管理费用   3 192

  贷：资本公积——其他资本公积   3 192

2×18年，甲公司应确认的成本费用=[(50-1)×6×6×1/1+(50-1)×6×6×2/2+(50-1-1)×6×6×2/3]-3 192=1 488（万元）。

相关会计分录为：

借：管理费用   1 488

  贷：资本公积——其他资本公积   1 488

（4）2×18年行权时的会计分录：

每股库存股成本=10 800÷900=12（万元/股）

借：银行存款   2 940（49×6×10）

  资本公积——其他资本公积   1 764（49×6×6）

  贷：库存股   35 28（49×6×12）

    资本公积——股本溢价   1 176

（5）甲公司2×17年年末发行在外的普通股加权平均数=8 000-900×8/12=7 400（万股）

2×17年甲公司基本每股收益=15 000÷7 400=2.03（元/股）

扫码观看
视频解析

模拟题2·综合题

甲公司为上市公司，采用授予职工限制性股票的形式实施股权激励计划。2×17年1月1日，甲公司以非公开发行方式向500名管理人员每人授予200股自身股票（每股面值为1元），授予价格为每股5元。当日，500名管理人员出资认购了此项限制性股票，总认购款项为500 000元，甲公司履行了相关增资手续。2×17年1月1日，甲公司普通股市场价格为每股17元。

该激励计划规定，这些管理人员从2×17年1月1日起在甲公司连续服务3年的，所授予股票将于2×20年1月1日全部解锁；在此期间离职的，甲公司将按照原授予价格每股5元回购。2×17年1月1日至2×20年1月1日期间，所授予股票不得上市流通或转让；激励对象因获授限制性股票而取得的现金股利由甲公司代管，作为应付股利在解锁时向激励对象支付；对于未能解锁的限制性股票，甲公司在回购股票时应扣除激励对象已享有的该部分现金分红。

2×17 年度，20 名管理人员离职，甲公司估计 3 年中离职的管理人员合计为 75 名，当年宣告发放现金股利，每股分配现金股利 1 元（限制性股票持有人享有同等分配权利）。

2×18 年度，又有 22 名管理人员离职，甲公司将 3 年离职人员合计数调整为 60 人，当年宣告发放现金股利为每股 1.2 元。

2×19 年度，甲公司将 3 年离职人员合计数调整为 57 人，当年年末实际有 15 名管理人员离职，当年宣告发放现金股利为每股 1.5 元。

2×17 年度，甲公司实现净利润为 6 000 000 元，发行在外的普通股（不含限制性股票）加权平均数为 2 500 000 股，2×17 年度当期普通股平均市场价格为每股 30 元。

假定离职人员均在年末离职，且甲公司年度内对离职人员的估计不变。不考虑税费和其他因素的影响。

要求：

（1）编制甲公司授予日的会计分录。

（2）编制甲公司等待期内各期确认管理费用和资本公积的会计分录。

（3）编制甲公司等待期内各期分配现金股利及股票回购的会计分录。

（4）编制甲公司解锁日的会计分录。

（5）计算 2×17 年 12 月 31 日的基本每股收益和稀释每股收益。

（答案中的金额单位用元表示）

<解析>

（1）2×17 年 1 月 1 日，即授予日的会计处理：

借：银行存款　　　　　　　　　　　　　　　　　　　500 000
　　贷：股本　　　　　　　　　　　　　　　　　　　　　100 000
　　　　资本公积——股本溢价　　　　　　　　　　　　　400 000
借：库存股　　　　　　　　　　　　　　　　　　　　500 000
　　贷：其他应付款——限制性股票回购义务　　　　　　　500 000

（2）等待期内与股份支付相关的会计处理如下。

① 2×17 年 12 月 31 日：

行权价格 = 17 - 5 = 12（元）

管理费用=（500−75）×200×12×1/3=340 000（元）

借：管理费用　　　　　　　　　　　　　　　　　340 000

　　贷：资本公积——其他资本公积　　　　　　　　　　　340 000

② 2×18 年 12 月 31 日：

管理费用=（500−60）×200×12×2/3−340 000=364 000（元）

借：管理费用　　　　　　　　　　　　　　　　　364 000

　　贷：资本公积——其他资本公积　　　　　　　　　　　364 000

③ 2×19 年 12 月 31 日：

管理费用=（500−57）×200×12−340 000−364 000=359 200（元）

借：管理费用　　　　　　　　　　　　　　　　　359 200

　　贷：资本公积——其他资本公积　　　　　　　　　　　359 200

（3）等待期内与股份支付相关的会计处理：

① 2×17 年分配现金股利：

预计未来可解锁现金股利=（500−75）×200×1=85 000（元）

借：利润分配——应付现金股利　　　　　　　　　　85 000

　　贷：应付股利——限制性股票股利　　　　　　　　　　85 000

借：其他应付款——限制性股票回购义务　　　　　　85 000

　　贷：库存股　　　　　　　　　　　　　　　　　　　　85 000

预计未来不可解锁现金股利=75×200×1=15 000（元）

借：其他应付款——限制性股票回购义务　　　　　　15 000

　　贷：应付股利——限制性股票股利　　　　　　　　　　15 000

② 2×17 年 12 月 31 日回购限制性股票：

借：其他应付款——限制性股票回购义务　　　16 000［20×（5−1）×200］

　　应付股利——限制性股票股利　　　　　　　4 000（20×1×200）

　　　　贷：银行存款　　　　　　　　　　　　　　　　　20 000

借：股本　　　　　　　　　　　　　　　　4 000（20×1×200）

　　资本公积——股本溢价　　　　　　　　16 000［20×（5−1）×200］

　　　　贷：库存股　　　　　　　　　　　　　　　　　　20 000

③ 2×18 年分配现金股利：

预计未来可解锁现金股利=（500−60）×200×（1+1.2）−85 000=108 600（元）

借：利润分配——应付现金股利　　　　　　　　　108 600

　　贷：应付股利——限制性股票股利　　　　　　　　　108 600

借：其他应付款——限制性股票回购义务 108 600

贷：库存股 108 600

预计未来不可解锁现金股利=20×200×1+40×200×（1+1.2）-15 000=6 600（元）

借：其他应付款——限制性股票回购义务 6 600

贷：应付股利——限制性股票股利 6 600

④ 2×18 年 12 月 31 日回购限制性股票：

借：其他应付款——限制性股票回购义务 12 320［22×200×（5-2.2）］

应付股利——限制性股票股利 9 680（22×200×2.2）

贷：银行存款 22 000（22×200×5）

借：股本 4 400（22×200×1）

资本公积——股本溢价 17 600［22×200×（5-1）］

贷：库存股 22 000

⑤ 2×19 年分配现金股利：

预计未来可解锁现金股利=（500-57）×200×（1+1.2+1.5）-85 000-108 600=

134 220（元）

借：利润分配——应付现金股利 134 220

贷：应付股利——限制性股票股利 134 220

借：其他应付款——限制性股票回购义务 134 220

贷：库存股 134 220

预计未来不可解锁现金股利=20×200×1+22×200×（1+1.2）+15×200×（1+1.2+

1.5）-15 000-6 600=3 180（元）

借：其他应付款——限制性股票回购义务 3 180

贷：应付股利——限制性股票股利 3 180

⑥ 2×19 年 12 月 31 日回购限制性股票：

借：其他应付款——限制性股票回购义务 3 900［15×（5-3.7）×200］

应付股利——限制性股票股利 11 100（15×3.7×200）

贷：银行存款 15 000（15×5×200）

借：股本 3 000（15×1×200）

资本公积——股本溢价 12 000［15×（5-1）×200］

贷：库存股 15 000

（4） 2×20 年 1 月 1 日，即解锁日的会计处理：

借：其他应付款——限制性股票回购义务 115 180

        贷：库存股   115 180

    借：资本公积——其他资本公积   1 063 200

        贷：资本公积——股本溢价   1 063 200

（5）2×17 年 12 月 31 日：

基本每股收益 = [6 000 000−1×(500−75)×200]÷2 500 000 = 2.37（元/股）

行权价格 = 5+12×2/3 = 13（元）

发行在外的限制性股份在 2×17 年的加权平均数 = 500×200×364/365+(500−20)×200×1/365 = 99 989.04（股）

稀释每股收益 = 6 000 000÷[2 500 000+(99 989.04−99 989.04×13/30)] = 2.35（元/股）

模拟题 3·计算分析题

    2×16 年 6 月 30 日，经股东大会批准，甲公司为其 80 名中层以上管理人员每人授予 100 份现金股票增值权，这些人员自 2×16 年 7 月 1 日起必须在甲公司连续服务 2 年，即可自 2×18 年 6 月 30 日起根据股价的增长幅度获得现金，该增值权应在 2×18 年 12 月 31 日之前行使完毕。甲公司估计，该增值权在负债结算之前的每一资产负债表日以及结算日的公允价值和可行权后的每份增值权现金支出额如下表所示。

增值权公允价值及现金支出   单位：元

时间	公允价值	支付现金
2×16 年 6 月 30 日	13	—
2×16 年 12 月 31 日	14	—
2×17 年 6 月 30 日	15	—
2×17 年 12 月 31 日	16	—
2×18 年 6 月 30 日	17	15
2×18 年 12 月 31 日	—	17.5

    其中，2×16 年下半年有 6 名管理人员离开甲公司，甲公司估计未来还将有 8 名管理人员离开。2×17 年有 5 名管理人员离开甲公司，甲公司估计未来还有 2 名管理人员离开公司。2×18 年上半年又有 1 名管理人员离职。2×18 年 6 月 30 日，40 名管理人员行使了股票增值权。2×18 年 12 月 31 日，剩余 28 名管理人员全部行使了现金股票增值权。

    要求：

（1）确定甲公司该项股份支付的授予日，并说明理由。

（2）计算甲公司2×16年、2×17年就该股份支付应确认的费用金额，并编制相关会计分录。

（3）就该股份支付事项为甲公司编制2×18年的会计分录。

（答案中的金额单位用元表示）

知识点

以现金结算的股份支付、年中授予

＜解析＞

（1）授予日：2×16年6月30日。

理由：因为甲公司与管理人员在当日签订了股权激励协议，并经股东大会批准。

（2）2×16年12月31日，应就股份支付确认的费用＝（80-6-8）×100×14×6/24＝23 100（元）。

借：管理费用　　　　　　　　　　　　　　　　　　　　　　　　23 100
　　贷：应付职工薪酬　　　　　　　　　　　　　　　　　　　　　　23 100

2×17年12月31日，应就股份支付确认的费用＝（80-6-5-2）×100×16×18/24-23 100＝57 300（元）。

借：管理费用　　　　　　　　　　　　　　　　　　　　　　　　57 300
　　贷：应付职工薪酬　　　　　　　　　　　　　　　　　　　　　　57 300

扫码观看
视频解析

（3）2×18年6月30日，确认职工薪酬：

应付职工薪酬账面余额＝（80-6-5-1-40）×100×17＝47 600（元）

借：管理费用　　　　　　　　　　　　　　　　　　　　　　　　27 200
　　　　　　［（80-6-5-1-40）×100×17+60 000-23 100-57 300］
　　贷：应付职工薪酬　　　　　　　　　　　　　　　　　　　　　　27 200

借：应付职工薪酬　　　　　　　　　　　　60 000（40×100×15）
　　贷：银行存款　　　　　　　　　　　　　　　　　　　　　　　　60 000

2×18年12月31日，结算职工薪酬：

借：公允价值变动损益　　　　　　　　　　1 400（49 000-47 600）
　　贷：应付职工薪酬　　　　　　　　　　　　　　　　　　　　　　1 400

借：应付职工薪酬　　　　　　　　　　　49 000（28×100×17.5）
　　贷：银行存款　　　　　　　　　　　　　　　　　　　　　　　　49 000

模拟题 4·综合题

白云公司为上市公司，2×14 年至 2×16 年，白云公司及其子公司红玉公司发生的有关交易或事项如下：

经董事会批准，白云公司于 2×14 年 1 月 1 日实施股权激励计划，其主要内容为：白云公司向红玉公司 50 名管理人员每人授予 1 万份现金股票增值权，行权条件为红玉公司在 2×14 年度实现的净利润较前 1 年增长 18%，截至 2×15 年 12 月 31 日，两个会计年度平均净利润增长率为 15%；截至 2×16 年 12 月 31 日，3 个会计年度平均净利润增长率为 12%；从达到上述业绩条件的当年年末起，每持有 1 份现金股票增值权可以从白云公司获得相当于行权当日白云公司股票每股市场价格的现金，行权期为 3 年。

2×14 年度，红玉公司实现的净利润较前 1 年增长 15%，本年度有 1 名管理人员离职。2×14 年年末，白云公司预计截至 2×15 年 12 月 31 日，红玉公司两个会计年度平均净利润增长率将达到 15%，未来 1 年将有 3 名管理人员离职。

2×15 年度，红玉公司有 4 名管理人员离职，实现的净利润较前 1 年增长 9%。2×15 年年末，白云公司预计截至 2×16 年 12 月 31 日，红玉公司 3 个会计年度平均净利润增长率将达到 12%，未来 1 年将没有管理人员离职。

2×16 年 10 月 20 日，白云公司经董事会批准取消原授予红玉公司管理人员的股权激励计划，同时以现金补偿原授予现金股票增值权且尚未离职的红玉公司管理人员 1 000 万元。2×16 年年初至取消股权激励计划前，红玉公司有 1 名管理人员离职。

每份现金股票增值权的公允价值如下：2×14 年 1 月 1 日为 12 元；2×14 年 12 月 31 日为 15 元；2×15 年 12 月 31 日为 18 元；2×16 年 10 月 20 日为 20 元。假定不考虑税费和其他因素的影响。

要求：

（1）请就上述股权激励计划，分别为白云公司及红玉公司编制 2×14 年个别财务报表中的会计分录，写出合并财务报表中的调整抵销分录，并简述对 2×14 年合并财务报表的影响。

（2）请就上述股权激励计划，分别为白云公司及红玉公司编制 2×15 年个别财务报表中的会计分录，写出合并财务报表中的调整抵销分录，并简述对 2×15 年合并财务报表的影响。

（3）计算股权激励计划的取消对 2×16 年度白云公司合并财务报表的影响，并简述相应的会计处理。

（答案中的金额单位用万元表示）

<解析>

本题中白云公司为结算企业，红玉公司为接受服务企业。

（1）2×14年12月31日，各层面应编制的会计分录如下。

① 白云公司个别财务报表层面：

借：长期股权投资　　　　　　　　　345〔（50-1-3）×1×15×1/2〕

　　贷：应付职工薪酬——股份支付　　　　　　　　　　　345

② 红玉公司个别财务报表层面：

借：管理费用　　　　　　　　　　　276〔（50-1-3）×1×12×1/2〕

　　贷：资本公积——其他资本公积　　　　　　　　　　276

③ 合并工作底稿中的调整分录：

借：管理费用　　　　　　　　　　　　　　　　69

　　资本公积　　　　　　　　　　　　　　　276

　　贷：长期股权投资　　　　　　　　　　　　　345

④ 合并财务报表层面：

借：管理费用　　　　　　　　　　　345（276+69）

　　贷：应付职工薪酬　　　　　　　　　　　　　　　345

上述会计分录为2×14年股权激励在各个层面（个别财务报表、合并工作底稿和合并财务报表）的影响力，由此可知，2×14年合并财务报表上白云公司确认的应付职工薪酬应该为345万元，确认的管理费用为345万元。

（2）2×15年12月31日，各层面应编制的会计分录如下。

① 白云公司个别财务报表层面：

借：长期股权投资　　　　　　　　195〔（50-1-4）×1×18×2/3-345〕

　　贷：应付职工薪酬——股份支付　　　　　　　　　　195

② 红玉公司个别财务报表层面：

借：管理费用　　　　　　　　　　　84〔（50-1-4）×1×12×2/3-276〕

　　贷：资本公积——其他资本公积　　　　　　　　　　84

③ 合并工作底稿中的调整分录：

借：年初未分配利润　　　　　　　　　　　　　69

　　管理费用　　　　　　　　　　　　　　　111

　　资本公积　　　　　　　　　　　　360（276+84）

　　贷：长期股权投资　　　　　　　　　540（345+195）

④ 合并财务报表层面：

借：管理费用   195（84+111）

　　年初未分配利润   345

　　贷：应付职工薪酬   540（345+195）

上述会计分录为 2×15 年股权激励在各个层面（个别财务报表、合并工作底稿和合并财务报表）的影响力，由于所授予的现金股票增值权截至 2×15 年年末一直没有结算，基于报表编制的连续性的考虑，需要恢复上期合并报表中"应付职工薪酬"项目的金额 345 万元，因此，2×15 年合并财务报表上白云公司确认的应付职工薪酬为540 万元，管理费用为 195 万元。

（3）2×16 年 12 月 31 日：

如果企业在等待期内取消了所授予的权益工具或结算了所授予的权益工具（因未满足可行权条件而被取消的除外），企业应当：

① 将取消或结算作为加速可行权处理，立即确认原本应在剩余等待期内确认的金额。

② 在取消或结算时支付给职工的所有款项均应作权益的回购处理，回购支付的金额高于该权益工具在回购日公允价值的部分，计入当期费用。

根据上述规定，2×16 年合并财务报表层面确认的管理费用应包含以下两部分：

第三年等待期产生的管理费用=（50-1-4-1）×1×20-345-195=340（万元）

取消产生的管理费用=1 000-（50-1-4-1）×1×20=120（万元）

① 白云公司个别财务报表层面：

借：长期股权投资   340［（50-1-4-1）×1×20-345-195］

　　贷：应付职工薪酬——股份支付   340

借：管理费用   120

　　应付职工薪酬——股份支付   880（345+195+340）

　　贷：银行存款   1 000

② 红玉公司个别财务报表层面：

借：管理费用   168［（50-1-4-1）×1×12-276-84］

　　贷：资本公积——其他资本公积   168

③ 合并工作底稿中的调整分录：

借：年初未分配利润   180（69+111）

　　管理费用   172

　　资本公积   528（276+84+168）

　　贷：长期股权投资   880（345+195+340）

④ 合并财务报表层面：

借：管理费用　　　　　　　　　　　　　　　　　　　　340
　　年初未分配利润　　　　　　　　　　　　　540（345+195）
　　　贷：银行存款　　　　　　　　　　　880（345+195+340）
借：管理费用　　　　　　　　　　　　　　　　　　　　120
　　贷：银行存款　　　　　　　　　　　　　　　　　　　120

▶▶ 答题方法论

1. 高频考点总结

本专题在历年真题中的高频、中频、低频考点，如表 5 所示。

表 5　股份支付与每股收益主观题考点分频

考点	内容
高频考点	股票期权的股份支付、每股收益
中频考点	限制性股票的股份支付、集团股份支付
低频考点	现金结算的股份支付

2. 答题技巧

本专题会计分录不难，难在计算上，考生应注意掌握计算方法和技巧。具体解题技巧，如表 6 和表 7 所示。

表 6　限制性股票股权激励"四步法"答题策略

步骤	策略
第一步：授予日	确认发行股票和确认回购义务
第二步：等待期	确认股份支付的管理费用； 现金股利账务处理，回购限制性股票的账务处理
第三步：解锁日	注销剩余的库存股和其他应付款，同时结转其他资本公积到股本溢价
第四步：每股收益	基本每股收益分母不包含限制性股数，分子不包含可解锁限制性股票的股利或者利润。稀释每股收益，假设限制性股票已经解锁

表 7　集团股份支付答题策略

情形	策略
母公司是结算企业	授予的自身权益工具，母公司按照以权益结算的股份支付处理；母公司授予的自身权益工具以外的工具，应当按照以现金结算的股份支付处理
子公司是接受服务企业	如果没有结算义务，需要按照以权益结算的股份支付处理

专题三

收 入

考情分析 ▼

收入

- **专题特点** 本专题相对来说比较独立，一般独立考查，也可以结合差错更正一起考查

- **呈现形式** 以单选题、多选题、计算分析题的形式考查，因2018年教材对本专题进行重新编写，故可适用现行准则的历年经典试题较少

- **分值分配** 分值为4~8分，通常出1道计算分析题

- **答题技巧** 收入、确认和计量"五步法"的理解

- **难易程度** ★★

专题概况
了解一下

▶▶ 经典试题及解析

经典试题 1 · 计算分析题

甲公司是一家投资控股型的上市公司。

(1) 甲公司的子公司——乙公司是一家建筑承包商,专门从事办公楼设计和建造业务。2×17年2月1日,乙公司与戊公司签订办公楼建造合同,按照戊公司的特定要求在戊公司的土地上建造一栋办公楼。根据合同的约定,建造该办公楼的价格为8 000万元,乙公司分三次收取款项,分别于合同签订日、完工进度达到50%、竣工验收日收取合同造价的20%、30%、50%。工程于2×17年2月开工,预计于2×19年底完工。乙公司预计建造上述办公楼的总成本为6 500万元,截至2×17年12月31日,乙公司累计实际发生的成本为3 900万元。乙公司按照累计实际发生的成本占预计总成本的比例确定履约进度。

(2) 甲公司的子公司——丙公司是一家生产通信设备的公司。2×17年1月1日,丙公司与己公司签订专利许可合同,许可己公司在5年内使用自己的专利技术生产A产品。根据合同约定,丙公司每年向己公司收取由两部分金额组成的专利技术许可费:一是固定金额200万元,于每年年末收取;二是按照己公司A产品销售额的2%计算的提成,于第二年年初收取。根据以往年度的经验和做法,丙公司可合理预期不会实施对该专利技术产生重大影响的活动。

2×17年12月31日,丙公司收到己公司支付的固定金额专利技术许可费200万元。2×17年度,己公司销售A产品80 000万元。

其他相关资料:

(1) 本题涉及的合同均符合企业会计准则关于合同的定义,均经合同各方管理层批准。

(2) 乙公司和丙公司估计,因向客户转让商品或提供服务而有权取得的对价很可能收回。

(3) 不考虑货币时间价值,不考虑税费及其他因素。

要求:

(1) 根据资料(1),判断乙公司的建造办公楼业务是属于在某一时段内履行履约义务还是属于某一时点履行履约义务,并说明理由。

(2) 根据资料(1),计算乙公司2×17年度的合同履约进度,以及应确定的收入和成本。

（3）根据资料（2），判断丙公司授予知识产权许可属于某一时间段内履行履约义务还是某一时点履行履约义务，并说明理由；说明丙公司按照己公司 A 产品销售额的 2% 收取的提成应于何时确认收入。

（4）根据资料（2），编制丙公司 2×17 年度与收入确认相关的会计分录。

（答案中的金额单位用万元表示）

<解析>

（1）根据资料（1），乙公司的建造办公楼业务属于在某一时段内履行履约义务。

理由：满足下列条件之一的，属于某一时段内履行履约义务：① 客户在企业履约的同时即取得并消耗企业履约所带来的经济利益；② 客户能够控制企业履约过程中在建的商品；③ 企业履约过程中所产出的商品具有不可替代的用途，且该企业在整个合同期间有权就累计至今已完成的履约部分收取款项。

本题中，由于乙公司在戊公司的土地上建造办公楼，而戊公司能够控制乙公司在建的办公楼，因此，属于在某一时间段内履行履约义务。

扫码观看
视频解析

（2）乙公司 2×17 年度的合同履约进度 = 3 900/6 500×100% = 60%

应确认的收入 = 8 000×60% = 4 800（万元）

确认的成本 = 6 500×60% = 3 900（万元）。

（3）授予知识产权许可属于在某一时点履行履约义务。

理由：授予知识产权许可**同时满足**下列条件时，应当作为在**某一时段**内履行履约义务确认相关收入；否则，应当作为在某一时点履行履约义务确认相关收入：① 合同要求或客户能够合理预期企业将从事对该项知识产权有重大影响的活动；② 该活动对客户将产生有利或不利影响；③ 该活动不会导致向客户转让商品。本题中，由于丙公司合理预期不会实施对许可己公司使用的专利技术产生重大影响的活动，授予的专利技术属于某一时点履行履约义务。

企业向客户授予知识产权许可，并约定按客户实际销售或使用情况收取特许权使用费的，应当在下列两项**孰晚**的时点确认收入：一是客户后续销售或使用行为实际发生；二是企业履行相关履约义务。本题中，丙公司按照己公司 A 产品销售额的 2% 收取的提成应于每年年末确认收入。

（4）丙公司 2×17 年度与收入确认相关的会计分录如下：

借：应收账款	1 000	
贷：其他业务收入（或营业收入）		1 000
借：银行存款	200	
贷：应收账款		200
借：应收账款	1 600	
贷：其他业务收入（或营业收入）		1 600

经典试题2·计算分析题

甲公司为通信服务运营企业，2×17年12月发生的有关交易或事项如下：

资料一

2×16年12月1日，甲公司推出预缴话费送手机活动，客户只需预缴话费5 000元，即可免费获得市价为2 400元、成本为1 700元的手机一部，并从参加活动的当月起未来24个月内每月享受价值150元、成本为90元的通话服务。当月共有10万名客户参与了此项活动。

资料二

2×16年11月30日，甲公司董事会批准了管理层提出的客户忠诚度计划。具体为：客户在甲公司消费价值满100元的通话服务时，甲公司将在下月向其免费提供价值10元的通话服务。2×16年12月，客户消费了价值10 000万元的通话服务（假定均符合下月享受免费通话服务的条件），甲公司已收到相关款项。

资料三

2×16年12月25日，甲公司与丙公司签订合同，甲公司以2 000万元的价格向丙公司销售市场价格为2 200万元、成本为1 600万元的通信设备一套。作为与该设备销售合同相关的一揽子合同的一部分，甲公司同时还与丙公司签订通信设备维护合同，约定甲公司将在未来10年内为丙公司的该套通信设备提供维护服务，每年收取固定维护费用200万元。类似维护服务的市场价格为每年180万元。销售的通信设备已发出，价款至年末尚未收到。

其他相关资料：本题不考虑货币时间价值以及税费等其他因素。

要求：根据资料一至资料三，分别计算甲公司于2×16年12月应确认的收入金额，说明理由，并编制与收入确认相关的会计分录（无须编制与成本结转相关的会计分录）。

（答案中的金额单位用万元表示）

＜解析＞

（1）根据资料一，手机单独售价为 2 400 元，话费单独售价 = 150×24 = 3 600（元），2×16 年 12 月手机应确认的收入 = 2 400/（2 400+3 600）×5 000×10 = 20 000（万元），2×16 年 12 月话费应确认的收入 = 3 600/（2 400+3 600）×5 000×10÷24 = 1 250（万元），甲公司应确认的收入金额 = 20 000+1 250 = 21 250（万元）。

知识点

合同折扣、附有客户额外购买选择权、合同合并

甲公司应当将收到的话费在手机销售和通话服务之间按单独售价的比例进行分配。手机销售收入应在当月一次性确认，话费收入随着服务的提供逐期确认。

借：银行存款　　　　　　　　　　　　　　　　　　50 000

　　贷：合同负债　　　　　　　　　　　　　　　　28 750

　　　　主营业务收入　　　　　　　　　　　　　　21 250

（2）根据资料二，甲公司应确认的收入金额 = 10 000/（10 000+1 000）×10 000 = 9 090.91（万元）。

扫码观看
视频解析

甲公司取得 10 000 万元的收入，应当在当月提供服务和下月需要提供的免费服务之间按其单独售价的比例进行分配。

借：银行存款　　　　　　　　　　　　　　　　　　10 000

　　贷：主营业务收入　　　　　　　　　　　　　　9 090.91

　　　　合同负债　　　　　　　　　　　　　　　　909.09

（3）根据资料三，该套通信设备单独售价为 2 200 万元，维护服务单独售价 = 180×10 = 1 800（万元），甲公司应收设备和维护服务款 = 2 000+200×10 = 4 000（万元），甲公司应确认的收入金额 = 4 000×2 200/（2 200+1 800）= 2 200（万元）。

因设备销售和设备维护合同相关联，甲公司应当将两项合同总收入按照相关设备和服务的单独售价的比例进行分配。

借：应收账款　　　　　　　　　　　　　　　　　　2 000

　　合同资产　　　　　　　　　　　　　　　　　　200

　　贷：主营业务收入　　　　　　　　　　　　　　2 200

经典试题 3·计算分析题

甲公司为境内上市公司，且为增值税一般纳税人，销售货物适用的增值税税率为 13%。2×16 年度及 2×17 年度，甲公司发生的有关交易或事项如下：

（1）2×16 年 1 月 1 日，甲公司与乙公司签订合同约定：甲公司按照乙公司设计的图纸为乙公司建造厂房，合同价格为 8 000 万元，建造期限为 2 年。厂房建造过程中，乙公司有权修改厂房设计图纸，并与甲公司重新协商设计变更后的合同价格；如

果乙公司终止合同，已完成建造的厂房部分归乙公司所有，乙公司应支付已完成合同所发生的成本及合理的毛利；如果合同一方违约，违约的一方按合同价格的25%向另一方支付违约金；乙公司于合同签订日支付合同价格的20%，其余分4次平均支付，每半年支付1次，但最后1笔款项于厂房建造完成并办理了竣工决算手续后支付。

2×16年2月1日起，甲公司开始履行合同义务。2×17年12月31日，厂房完成建造并办理了竣工决算手续。

（2）2×16年6月20日，甲公司与丙公司签订合同约定：甲公司向丙公司销售A、B两种商品，A商品于合同签订后的3个月内交付，B商品于A商品交付后6个月内交付；丙公司于A、B商品全部交付并经验收合格后的2个月内支付的合同价格为5 000万元的全部款项。甲公司分别于2×16年9月10日和2×17年2月20日向丙公司交付了A商品和B商品，商品控制权也随之转移给丙公司。甲公司交付商品给丙公司的同时，开具了增值税专用发票。丙公司于2×17年4月10日支付了全部合同价款及相关的增值税。

甲公司A商品单独的销售价格为2 240万元；B商品单独的销售价格为3 360万元。

（3）2×17年3月30日，甲公司销售给丁公司一台C设备。根据销售协议的约定，甲公司于2×17年10月10日前交付C设备，合同价格为15 000万元，甲公司提供该设备的质量保证，即在1年之内，如果该设备发生质量问题，甲公司负责免费维修，但如果因丁公司员工操作不当等非设备本身质量原因导致的故障，甲公司不提供免费维修服务；另外，甲公司为C设备保质期后未来5年提供维修和保养服务，合同价格为600万元。

甲公司销售C设备单独的销售价格为15 000万元；单独对外提供设备维修服务的销售价格为每年每台100万元，单独对外提供设备保养服务的销售价格为每年每台20万元。

（4）2×17年7月1日，甲公司开始推行一项奖励积分计划。根据该计划，甲公司每销售1台合同价格为10 000万元的D设备，客户可获得625万个积分，每个积分从购买D设备的次年起3年内可在该客户再次购买D设备时抵减5元。2×17年7月1日至12月31日，甲公司共计销售D设备10台，合同价格总额100 000万元，增值税总额13 000万元（假定税法规定按照全部合同价格计算增值税销项税额）已收存银行；销售D设备产生的积分为6 250万个。该积分是甲公司向客户提供的一项重大权利，甲公司预计销售D设备积分的兑换率为80%。

甲公司负责提供销售D设备的质量保证服务，如果D设备在1年内出现质量问题，甲公司负责免费维修，但如果因客户员工操作不当等非设备本身质量原因导致的故障，甲公司不负责提供免费维修服务。

根据以往经验，甲公司销售的 D 设备 1 年保质期内 70%不会发生质量问题；20%发生较小质量问题；10%发生较大质量问题。甲公司预计销售的 D 设备发生较小质量问题的维修费用为销售合同价格总额的 1%；发生较大质量问题的维修费用为销售合同价格总额的 2%。

其他相关资料：本题所涉及的协议或合同均符合企业会计准则关于合同的定义并经各方管理层批准，因向客户转让商品或提供服务而有权取得的对价很可能收回，涉及的销售价格或合同价格均不含增值税。除上述所给资料外，不考虑货币时间价值，不考虑除增值税以外的税费及其他因素。

要求：

（1）根据资料（1），说明甲公司为乙公司建造厂房应采用何种方法确认收入，并陈述理由。

（2）根据资料（2），说明甲公司于合同开始日将交易价格分摊至各单项履约义务的原则和方法，计算各单项履约义务应分摊的合同价格，并编制与 2×16 年销售商品相关的会计分录。

（3）根据资料（3），说明甲公司销售 C 设备合同附有的单项履约义务，并陈述理由；计算每一单项履约义务应分摊的合同价格；分别说明甲公司销售 C 设备在保质期内提供的维修服务和保质期以后所提供维修服务和保养服务应当如何进行会计处理。

（4）根据资料（4），说明甲公司销售 D 设备合同附有的单项履约义务；计算每一单项履约义务应分摊的合同价格；计算甲公司因销售 D 设备应确认的质量保证费用；编制甲公司与销售 D 设备及相应的质量保证服务相关的会计分录。

（答案中的金额单位用万元表示）

＜解析＞

（1）甲公司应当在建造期间内按照履约进度确认收入。

理由：乙公司有权修改厂房设计图纸，说明甲公司建造的厂房具有不可替代的用途，且甲公司在建造期间有权就已完成合同所发生的成本及合理的毛利向乙公司收取款项；另外，如果乙公司终止合同，已完成建造的厂房部分归乙公司所有，说明乙公司能够控制在建的厂房。所以，属于甲公司为乙公司建造厂房在某一时段内履行履约义务，应当按照履约进度确认收入。

（2）甲公司于合同开始日应将交易价格按照 A 商品和 B 商品的单独售价比例进

行分摊。

分摊至 A 商品的合同价格 = 5 000×[2 240/(2 240+3 360)] = 2 000（万元）

分摊至 B 商品的合同价格 = 5 000×[3 360/(2 240+3 360)] = 3 000（万元）

借：合同资产　　　　　　　　　　　　　　　　　　　　　　2 260

　　贷：主营业务收入　　　　　　　　　　　　　　　　　　　　2 000

　　　　应交税费——应交增值税（销项税额）　　　　　　　　　　260

（3）分析与计算如下：

① 甲公司销售 C 设备合同分为销售 C 设备、提供保质期后未来 5 年维修服务和提供保质期后未来 5 年保养服务 3 个单项履约义务。

理由：客户能够选择单独购买维修服务、单独购买保养服务，甲公司销售 C 设备、提供维修服务和提供保养服务的 3 项承诺均可明确区分。

② C 设备应分摊合同价格 =（15 000+600）×[15 000/（15 000+100×5+20×5）] = 15 000（万元）

保质期后未来 5 年提供维修服务应分摊合同价格 =（15 000+600）×[（100×5）/（15 000+100×5+20×5）] = 500（万元）

保质期后未来 5 年提供保养服务应分摊合同价格 =（15 000+600）×[（20×5）/（15 000+100×5+20×5）] = 100（万元）

③ 甲公司销售 C 设备在保质期内提供的维修服务应按照或有事项准则确认为预计负债，并计入当期损益；甲公司销售 C 设备在保质期以后所提供维修服务和保养服务应当与销售 C 设备分别作为单项履约义务，按照各自单独售价分摊合同价格，分摊至保质期以后所提供维修服务和保养服务的部分确认为合同负债，分时段确认为收入。

（4）计算与分录如下：

① 甲公司销售 D 设备合同分为销售 D 设备和授予客户奖励积分两个单项履约义务。

② 考虑积分兑换率后奖励积分的单独售价 = 5×6 250×80% = 25 000（万元）

分摊至商品的合同价格 = 100 000×[100 000/（100 000+25 000）] = 80 000（万元）

分摊至积分的合同价格 = 100 000×[25 000/（100 000+25 000）] = 20 000（万元）

③ 甲公司因销售 D 设备应确认的质量保证费用 = 100 000×（70%×0+20%×1%+10%×2%）= 400（万元）

④ 相关会计分录如下：

借：银行存款　　　　　　　　　　　　　　　　　　　　　113 000

　　贷：主营业务收入　　　　　　　　　　　　　　　　　　　80 000

	合同负债	20 000
	应交税费——应交增值税（销项税额）	13 000
借：销售费用	400	
	贷：预计负债	400

▶▶ 模拟训练

模拟题 1 · 计算分析题

甲股份有限公司（以下简称甲公司），为增值税一般纳税人，适用的增值税税率为 13%，其主要业务是生产并销售核磁共振和高压氧舱大型医疗设备。

资料一

2×18 年 1 月 1 日，甲公司采用分期收款方式向乙公司销售 5 台核磁共振设备，乙公司在合同开始日就取得设备的控制权，合同约定的销售价格为 3 000 万元，分 5 次于每年 12 月 31 日等额收取。该大型设备成本为 2 340 万元。在现销方式下，该大型设备的销售价格为 2 400 万元。假定甲公司发出商品时，其有关的增值税纳税义务尚未发生，在合同约定的收款日期，发生有关的增值税纳税义务。

资料二

2×18 年 1 月 1 日，甲公司与丙公司签订合同，向其销售一批高压氧舱。合同约定，该批高压氧舱将于 2 年之后交货。合同中包含两种可供选择的付款方式，即丙公司可以在 2 年后交付该批高压氧舱时支付 561.8 万元，或者在合同签订时支付 500 万元。丙公司选择在合同签订时支付货款。该批产品的控制权在交货时转移。甲公司于 2×18 年 1 月 1 日收到丙公司支付的货款。上述价格均不包含增值税，且假定此事项不考虑增值税相关税费影响。

甲公司与丙公司交易计算的内含利率为 6%。考虑到丙公司付款时间和产品交付时间之间的间隔以及现行市场利率水平，甲公司认为该合同包含重大融资成分，在确定交易价格时，应当对合同承诺的对价金额进行调整，以反映该重大融资成分的影响（假定该融资费用不符合借款费用资本化的要求）。

要求：

（1）已知（P/A，7%，5）= 4.100 2，（P/A，8%，5）= 3.992 7，根据资料一，计算实际利率（计算结果保留两位小数，实际利率百分号内保留两位小数），并编制 2×18 年至 2×19 年的账务处理。

（2）根据资料二，编制2×18年至2×19年的账务处理。

（答案中的金额单位用万元表示）

知识点

重大融资成分
（分期收款+先
收款再发货）

扫码观看
视频解析

＜解析＞

（1）根据本题资料，甲公司应当确认的销售商品收入金额为2 400万元。

根据公式：未来5年收款额的现值＝现销方式下应收款项金额；

可以得出：600×（P/A，r，5）＝2 400（万元）；

可在多次测试的基础上，用插值法计算折现率，具体过程如下：

当r＝7%时，600×4.100 2＝2 460.12>2 400；

当r＝8%时，600×3.992 7＝2 395.62<2 400；

因此，7%<r<8%。由上述两式可知：

现值	利率
2 460.12	7%
2 400	r
2 395.62	8%

列出计算公式：（2 460.12−2 400）/（2 460.12−2 395.62）＝（7%−r）/（7%−8%）

解得：r＝7.93%。

财务费用和已收本金计算如下表所示。

财务费用和已收本金计算表　　　　　　　　　　　单位：万元

时 间	期初摊余成本 ①	实现的融资收益 ②＝①×7.93%	分期收款额 ③	期末摊余成本 ④＝①+②−③
2×18年12月31日	2 400	190.32	600	1 990.32
2×19年12月31日	1 990.32	157.83	600	1 548.15
2×20年12月31日	1 548.15	122.77	600	1 070.92
2×21年12月31日	1 070.92	84.92	600	555.84
2×22年12月31日	555.84	44.16*	600	0
总 额	—	600	3 000	—

注：*尾数调整600−555.84＝44.16（万元）

根据上表的计算结果，甲公司各期的会计分录如下。

①2×18年1月1日销售实现时：

借：长期应收款　　　　　　　　　　　　　　　　　　　　　　3 000

　　贷：主营业务收入　　　　　　　　　　　　　　　　　　　　　　　2 400

未实现融资收益		600

借：主营业务成本　　　　　　　　　　　　　　　　　　2 340

　　贷：库存商品　　　　　　　　　　　　　　　　　　　　　　2 340

② 2×18 年 12 月 31 日收取货款和增值税税额时：

借：银行存款　　　　　　　　　　　　　　　　　　　　678

　　贷：长期应收款　　　　　　　　　　　　　　　　　　　600

　　　　应交税费——应交增值税（销项税额）　　　　　　　78

借：未实现融资收益　　　　　　　　　　　　　　　　190.32

　　贷：财务费用　　　　　　　　　　　　　　　　　　　190.32

③ 2×19 年 12 月 31 日收取货款和增值税税额时：

借：银行存款　　　　　　　　　　　　　　　　　　　　678

　　贷：长期应收款　　　　　　　　　　　　　　　　　　　600

　　　　应交税费——应交增值税（销项税额）　　　　　　　78

借：未实现融资收益　　　　　　　　　　　　　　　　157.83

　　贷：财务费用　　　　　　　　　　　　　　　　　　　157.83

（2）甲公司的账务处理如下。

① 2×18 年 1 月 1 日收到货款：

借：银行存款　　　　　　　　　　　　　　　　　　　　500

　　未确认融资费用　　　　　　　　　　　　　　　　　61.8

　　贷：合同负债　　　　　　　　　　　　　　　　　　　561.8

② 2×18 年 12 月 31 日确认融资成分的影响：

借：财务费用　　　　　　　　　　　　　　　　30（500×6%）

　　贷：未确认融资费用　　　　　　　　　　　　　　　　　30

③ 2×19 年 12 月 31 日交付产品：

借：财务费用　　　　　　　　　　　　　　　31.8（530×6%）

　　贷：未确认融资费用　　　　　　　　　　　　　　　　31.8

借：合同负债　　　　　　　　　　　　　　　　　　　561.8

　　贷：主营业务收入　　　　　　　　　　　　　　　　　561.8

模拟题2·计算分析题

甲股份有限公司（以下简称甲公司），为增值税一般纳税人，适用的增值税税率为13%，以下为甲公司的一项销售业务：

（1）2×17年1月1日向B公司销售产品20万件，每件售价均为300元，每件成本均为240元。甲公司已于当日发货，同时收到B公司支付的部分货款4 000万元。销售协议规定2×17年6月30日前B公司有权退回该商品在市场上滞销部分，甲公司按照经验估计该批产品在市场上滞销部分约占15%。

（2）2月1日甲公司收到其余2 780万元货款。

（3）4月1日B公司退回了10%的货物。

（4）4月30日甲公司对退货率进行重新评估，认为总退货率为20%。

每次实际发生退货时均取得税务机关开具的红字增值税专用发票。

要求：

（1）要求编制甲公司2×17年1月至4月的账务处理。

（2）假设2×17年6月30日甲公司又收到了10%的退货，编写甲公司的账务处理。

（3）假设2×17年6月30日甲公司又收到了15%的退货，编写甲公司的账务处理。

（4）假设2×17年6月30日甲公司又收到了8%的退货，编写甲公司的账务处理。

（答案中的金额单位用万元表示）

知识点

附有销售退回的销售（多次退回）

‹解析›

（1）2×17年1月1日：

借：银行存款 4 000

应收账款 2 780

贷：主营业务收入 5 100（6 000×85%）

预计负债 900（6 000×15%）

应交税费——应交增值税（销项税额） 780

借：主营业务成本 4 080（4 800×85%）

应收退货成本 720（4 800×15%）

贷：库存商品 4 800

扫码观看
视频解析

2×17 年 2 月 1 日：

借：银行存款 2 780

　　贷：应收账款 2 780

2×17 年 4 月 1 日：

借：库存商品 480

　　应交税费——应交增值税（销项税额） 78

　　预计负债 600（6 000×10%）

　　贷：银行存款 678

　　　　应收退货成本 480（4 800×10%）

2×17 年 4 月 30 日：

借：主营业务收入 300

　　贷：预计负债 300

借：应收退货成本 240

　　贷：主营业务成本 240

（2）假设 2×17 年 6 月 30 日甲公司又收到了 10% 的退货。

借：库存商品 480

　　应交税费——应交增值税（销项税额） 78

　　预计负债 600

　　贷：银行存款 678

　　　　应收退货成本 480

（3）假设 2×17 年 6 月 30 日甲公司又收到了 15% 的退货。

借：库存商品 720

　　应交税费——应交增值税（销项税额） 117

　　预计负债 600

　　主营业务收入 300

　　贷：银行存款 1 017

　　　　主营业务成本 240

　　　　应收退货成本 480

（4）假设 2×17 年 6 月 30 日甲公司又收到了 8% 的退货。

借：库存商品 384

　　应交税费——应交增值税（销项税额） 62.4

　　预计负债 600

主营业务成本	96
贷：银行存款	542.4
应收退货成本	480
主营业务收入	120

模拟题 3·计算分析题

甲股份有限公司（以下简称甲公司），以下为甲公司的一项销售业务：

（1）2×17年1月1日，向B公司销售产品20万件，每件售价均为300元，每件成本均为240元。甲公司已于当日发货，同时收到B公司支付的全部货款6 000万元。根据合同约定，6月30日前B公司有权退回该商品在市场上滞销的部分，但是需要向甲公司支付10%的退货费（即每件产品的退货费为30元）。甲公司按照经验估计该批产品在市场上滞销的部分约占15%，且退货过程中，甲公司预计为每件退货的产品发生的成本为15元，退货费及退货发生的成本都以银行存款方式结算。

（2）2×17年4月1日，B公司退回了10%的货物。

其他相关资料：不考虑增值税等相关税费。

要求：

（1）编制甲公司2×17年1月至4月的账务处理。

（2）假设2×17年6月30日，甲公司又收到了5%的退货，编制甲公司的账务处理。

（3）假设2×17年6月30日，甲公司又收到了15%的退货，编制甲公司的账务处理。

（答案中的金额单位用万元表示）

＜解析＞

（1）2×17年1月1日：

借：银行存款		6 000
贷：主营业务收入	5 190（6 000×85%+30×3）	
预计负债	810（6 000×15%−30×3）	
借：主营业务成本	4 125（4 800×85%+15×3）	
应收退货成本	675（4 800×15%−15×3）	
贷：库存商品		4 800

2×17 年 4 月 1 日：

借：库存商品　　　　　　　　　　　　　　　　　　480

　　预计负债　　　　　　　　　　　　540（810×2/3）

　　　贷：银行存款　　　　　　　　　570［（300−30+15）×2］

　　　　　应收退货成本　　　　　　　450（675×2/3）

（2）假设 2×17 年 6 月 30 日，甲公司又收到了 5% 的退货。

借：库存商品　　　　　　　　　　　　　　　　　　240

　　预计负债　　　　　　　　　　　　270（810×1/3）

　　　贷：银行存款　　　　　　　　　285［（300−30+15）×1］

　　　　　应收退货成本　　　　　　　225（675×1/3）

（3）假设 2×17 年 6 月 30 日，甲公司又收到了 15% 的退货。

借：库存商品　　　　　　　　　　　　　　　　　　720

　　预计负债　　　　　　　　　　　　270（810×1/3）

　　主营业务收入　　　　　　　　　　540［（300−30）×2］

　　　贷：银行存款　　　　　　　　　855［（300−30+15）×3］

　　　　　主营业务成本　　　　　　　450［（240−15）×2］

　　　　　应收退货成本　　　　　　　225（675×1/3）

模拟题 4 · 计算分析题

2×18 年 1 月 1 日，某大型超市董事会批准了管理层提出的奖励积分政策。凡是到该超市消费的顾客皆可在该超市的服务部办理会员卡，持有会员卡的顾客在购物交款时只要出示会员卡，就可以参与该超市的积分活动。顾客每购买 10 元的商品可以获得 1 个积分（相当于价值 1 元的商品），顾客可以使用奖励积分购买该超市经营的任何一种商品；奖励积分自授予之日起 3 年内有效，过期作废。

2×18 年，该大型超市销售各类商品共计 60 000 万元（不包括顾客使用奖励积分购买的商品，下同），授予顾客奖励积分共计 6 000 万个，估计 2×18 年授予的奖励积分将有 90% 被使用，客户使用奖励积分共计 4 000 万个。

2×18 年年末，估计 2×18 年授予的奖励积分依然 90% 被使用。

2×19 年顾客使用 2×18 年授予的奖励积分 1 000 万个，2×19 年年末，估计 2×18 年授予的奖励积分将有 95% 被使用。

2×20 年顾客使用 2×18 年授予的奖励积分 200 万个，截至 2×20 年年末，2×18 年授予的奖励积分未使用部分失效。

假定不考虑增值税和其他相关因素的影响，计算结果取整数。

要求：

（1）计算2×18年授予的奖励积分的单独售价。

（2）计算2×18年因销售商品应确认的销售收入，以及顾客使用奖励积分应确认的收入，并编制相关会计分录。

（3）计算2×19年因顾客使用奖励积分应确认的收入，并编制相关会计分录。

（4）计算2×20年因顾客使用奖励积分应确认的收入，并编制相关会计分录。

（答案中的金额单位用万元表示）

〈解析〉

（1）分摊交易价格如下表所示。

分摊交易价格   单位：万元

交易价格	单独售价	分摊交易价格	会计科目
当期消费 60 000万元	当期60 000万元商品	60 000/（60 000+5 400）×60 000=55 046	主营业务收入
	未来5 400万元商品 （6 000万积分×90%）	5 400/（60 000+5 400）×60 000=4 954	合同负债

由此可得，2×18年授予客户的奖励积分的单独售价为4 954万元。

（2）由上表可知，2×18年销售商品应确认收入为55 046万元。

相关会计分录如下：

借：银行存款   60 000

　　贷：主营业务收入   55 046

　　　　合同负债   4 954

递延收益部分2×18年应确认收入=4 954×4 000/（6 000×90%）=3 670（万元）

相关会计分录如下：

借：合同负债   3 670

　　贷：主营业务收入   3 670

（3）递延收益部分截至2×19年年末累计确认收入（因奖励积分部分累计确认的收入）=4 954×5 000/（6 000×95%）=4 346（万元）

2×19年客户使用奖励积分应确认的收入=4 346−3 670=676（万元）

相关会计分录如下：

扫码观看
视频解析

借：合同负债 676

　　贷：主营业务收入 676

（4）最后一年未使用奖励积分失效，将剩余部分递延收益全部确认为收入，即2×20年客户使用奖励积分应确认的收入＝4 954－3 670－676＝608（万元）。

相关会计分录如下：

借：合同负债 608

　　贷：主营业务收入 608

模拟题 5·计算分析题

2×18 年 1 月 1 日，甲船舶建造公司与乙公司签订一项大型船舶建造工程合同，根据双方合同约定，该船舶的造价为 3 780 万元，工程期限为 1 年半，甲公司负责船舶的施工及全面管理，乙公司按照第三方工程监理公司确认的工程完工量，每半年与甲公司结算一次；工程于合同签订日开工，预计 2×19 年 6 月 30 日竣工；预计可能发生的总成本为 2 400 万元。假定该建造船舶工程整体构成单项履约义务，并属于在某一时段履行的履约义务，甲公司采用成本法确定履约进度，适用的增值税税率为 9%，不考虑其他相关因素。

2×18 年 6 月 30 日，该船舶工程累计实际发生成本 900 万元（耗费原材料 450 万元、职工薪酬 450 万元），甲公司与乙公司结算合同价款 1 500 万元，甲公司实际收到价款 1 200 万元。

2×18 年 12 月 31 日，该船舶工程累计实际发生成本 1 800 万元（耗费原材料 900 万元、职工薪酬 900 万元），甲公司与乙公司结算合同价款 660 万元，甲公司实际收到价款 600 万元。

2×19 年 6 月 30 日，该船舶工程累计实际发生成本 2 460 万元（耗费原材料 1 230 万元、职工薪酬 1 230 万元），乙公司与甲公司结算了合同竣工价款 1 620 万元，并支付剩余工程款 1 980 万元。

上述价款均不含增值税额。假定甲公司与乙公司结算时即发生增值税纳税义务，乙公司在实际支付工程价款的同时支付其对应的增值税款。

要求：编制甲公司 2×18 年至 2×19 年有关上述业务的账务处理。

（答案中的金额单位用万元表示）

＜解析＞

2×18 年至 2×19 年甲公司的账务处理如下。

（1）2×18 年 1 月 1 日至 6 月 30 日实际发生工程成本时：

借：合同履约成本   900

  贷：原材料   450

     应付职工薪酬   450

（2）2×18 年 6 月 30 日：

履约进度 = 900/2 400×100% = 37.5%

合同收入 = 3 780×37.5% = 1 417.5（万元）

借：合同结算——收入结转   1 417.5

  贷：主营业务收入   1 417.5

借：主营业务成本   900

  贷：合同履约成本   900

借：应收账款   1 635

  贷：合同结算——价款结算   1 500

     应交税费——应交增值税（销项税额）   135

借：银行存款   1 308

  贷：应收账款   1 308

当日，"合同结算"科目的余额为贷方 82.5 万元（1 500-1 417.5），表明甲公司已经与客户结算但尚未履行履约义务的金额为 82.5 万元，由于甲公司预计该部分履约义务将在 2×18 年完成，因此，应在资产负债表中作为合同负债列示。

（3）2×18 年 7 月 1 日至 12 月 31 日实际发生工程成本时：

借：合同履约成本   900

  贷：原材料   450

     应付职工薪酬   450

（4）2×18 年 12 月 31 日：

履约进度 = 1 800/2 400×100% = 75%

合同收入 = 3 780×75%-1 417.5 = 1 417.5（万元）

借：合同结算——收入结转   1 417.5

  贷：主营业务收入   1 417.5

借：主营业务成本   900

```
    贷：合同履约成本                                            900
  借：应收账款                                              719.4
    贷：合同结算——价款结算                                     660
      应交税费——应交增值税（销项税额）                          59.4
  借：银行存款                                              654
    贷：应收账款                                            654
```

当日，"合同结算"科目的余额为借方 675 万元（1 417.5-660-82.5），表明甲公司已经履行履约义务但尚未与客户结算的金额为 675 万元，由于该部分金额将在 2×19 年内结算，因此，应在资产负债表中作为合同资产列示。

（5）2×19 年 1 月 1 日至 6 月 30 日实际发生工程成本时：

```
  借：合同履约成本                                            660
    贷：原材料                                             330
      应付职工薪酬                                         330
```

（6）2×19 年 6 月 30 日，由于当日该工程已竣工决算，其履约进度为 100%。

合同收入=3 780-1 417.5-1 417.5=945（万元）

```
  借：合同结算——收入结转                                       945
    贷：主营业务收入                                         945
  借：主营业务成本                                            660
    贷：合同履约成本                                         660
  借：应收账款                                             1 765.8
    贷：合同结算——价款结算                                    1 620
      应交税费——应交增值税（销项税额）                          145.8
  借：银行存款                                             2 158.2
    贷：应收账款                                           2 158.2
```

模拟题 6·综合题

2×18 年 1 月 1 日，甲船舶建造公司（以下简称甲公司）与乙公司签订一项大型总金额为 2 900 万元的船舶建造工程合同，固定造价合同，该合同不可撤销。工程期限为 2 年，甲公司负责船舶的施工及全面管理，乙公司按照第三方工程监理公司确认的工程完工量，每半年与甲公司结算一次；工程于合同签订日开工，预计 2×19 年 12 月 31 日竣工，预计可能发生的工程总成本为 2 750 万元。假定该建造船舶工程整体构成单项履约义务，并属于在某一时段履行的履约义务，甲公司采用成本法确定履约进度。

到 2×18 年年底，由于材料价格上涨等因素，甲公司将预计工程总成本调整为 3 000 万元。2×19 年 6 月 30 日，根据工程最新情况将预计工程总成本调整为 3 050 万元。该合同的其他有关资料如下表所示。

建造合同成本及价款表   单位：万元

项目	2×18 年 6 月 30 日	2×18 年 12 月 31 日	2×19 年 6 月 30 日	2×19 年 12 月 31 日	2×20 年 12 月 31 日
累计实际发生成本	770	1 500	2 440	3 050	—
预计完成合同尚需发生成本	1 980	1 500	610	—	—
本期结算合同价款	870	980	900	150	—
本期实际收到价款	850	950	950	—	150

按照合同约定，工程质保金 150 万元需等到客户于 2×20 年年底保证期结束且未发生重大质量问题方能收款。

其他相关资料：累计实际发生成本中 50% 属于原材料成本，另外 50% 属于职工薪酬成本。不考虑增值税等相关税费。

要求：写出甲公司 2×18 年至 2×20 年有关上述业务的账务处理。

（答案中的金额单位用万元表示）

<解析>

（1）2×18 年 6 月 30 日账务处理如下。

① 实际发生合同成本：

借：合同履约成本   770

    贷：原材料   385

        应付职工薪酬   385

② 确认计量当年的收入并结转成本：

履约进度 = 770/（770+1 980）×100% = 28%

合同收入 = 2 900×28% = 812（万元）

借：合同结算——收入结转   812

    贷：主营业务收入   812

借：主营业务成本   770

    贷：合同履约成本   770

③ 结算合同价款：

借：应收账款　　　　　　　　　　　　　　　　　　　870

　　贷：合同结算——价款结算　　　　　　　　　　　　870

④ 实际收到合同价款：

借：银行存款　　　　　　　　　　　　　　　　　　　850

　　贷：应收账款　　　　　　　　　　　　　　　　　　850

2×18 年 12 月 31 日，"合同结算"科目的余额为贷方 58 万元（870-812），表明甲公司已经与客户结算但尚未履行履约义务的金额为 58 万元，由于甲公司预计该部分履约义务将在 2×19 年完成，因此，应在资产负债表中作为合同负债列示。

（2）2×18 年 12 月 31 日的账务处理如下。

① 实际发生合同成本：

借：合同履约成本　　　　　　　　　　　　　　　　　730

　　贷：原材料　　　　　　　　　　　　　　　　　　　365

　　　　应付职工薪酬　　　　　　　　　　　　　　　　365

② 确认计量当年的收入并结转成本，同时，确认合同预计损失：

履约进度 = 1 500/（1 500+1 500）×100% = 50%

合同收入 = 2 900×50%-812 = 638（万元）

借：合同结算——收入结转　　　　　　　　　　　　　638

　　贷：主营业务收入　　　　　　　　　　　　　　　　638

借：主营业务成本　　　　　　　　　　　　　　　　　730

　　贷：合同履约成本　　　　　　　　　　　　　　　　730

借：主营业务成本　　　　　　　　　　　　　　　　　50

　　贷：预计负债　　　　　　　　　　　　　　　　　　50

合同预计损失 =（1 500+1 500-2 900）×（1-50%）= 50（万元）

2×18 年年底，由于该合同预计总成本（3 000 万元）＞合同总收入（2 900 万元），预计发生损失总额为 100 万元，由于其中的 50 万元（100×50%）已经反映在损益中，因此，应将剩余的、为完成工程将发生的预计损失 50 万元确认为当期损失。根据《企业会计准则第 13 号——或有事项》的相关规定，待执行合同变成亏损合同的，该亏损合同产生的义务满足相关条件的，则应当对亏损合同确认预计负债。因此，为完成工程将发生的预计损失 50 万元应当确认为预计负债。

③ 结算合同价款：

借：应收账款　　　　　　　　　　　　　　　　　　　980

　　贷：合同结算——价款结算　　　　　　　　　　　　980

④ 实际收到合同价款：

借：银行存款　　　　　　　　　　　　　　　　　　　　950

　　贷：应收账款　　　　　　　　　　　　　　　　　　　　　950

2×18 年 12 月 31 日，"合同结算"科目的贷方余额为 400 万元（58+980-638），表明甲公司已经与客户结算但尚未履行履约义务的金额为 400 万元，因此，应在资产负债表中作为合同负债列示。

（3）2×19 年 6 月 30 日的账务处理如下：

① 实际发生的合同成本：

借：合同履约成本　　　　　　　　　　　　　　　　　　940

　　贷：原材料　　　　　　　　　　　　　　　　　　　　　　470

　　　　应付职工薪酬　　　　　　　　　　　　　　　　　　　470

② 确认计量当年的合同收入并结转成本，同时调整合同预计损失：

履约进度 = 2 440/（2 440+610）×100% = 80%

合同收入 = 2 900×80%-812-638 = 870（万元）

合同预计损失 =（2 440+610-2 900）×（1-80%）-50 = -20（万元）

借：合同结算——收入结转　　　　　　　　　　　　　　870

　　贷：主营业务收入　　　　　　　　　　　　　　　　　　　870

借：主营业务成本　　　　　　　　　　　　　　　　　　940

　　贷：合同履约成本　　　　　　　　　　　　　　　　　　　940

借：预计负债　　　　　　　　　　　　　　　　　　　　20

　　贷：主营业务成本　　　　　　　　　　　　　　　　　　　20

2×19 年 6 月 30 日，由于该合同预计总成本（3 050 万元）>合同总收入（2 900 万元），预计发生损失总额为 150 万元，由于其中的 120 万元（150×80%）已经反映在损益中，因此预计负债的余额为 30 万元（150×20%），反映剩余的、为完成工程将发生的预计损失，因此，本期应转回合同预计损失 20 万元。

③ 结算合同价款：

借：应收账款　　　　　　　　　　　　　　　　　　　　900

　　贷：合同结算——价款结算　　　　　　　　　　　　　　　900

④ 实际收到合同价款：

借：银行存款　　　　　　　　　　　　　　　　　　　　950

　　贷：应收账款　　　　　　　　　　　　　　　　　　　　　950

2×19 年 6 月 30 日，"合同结算"科目的贷方余额为 430 万元（400+900-870），表明甲公司已经与客户结算但尚未履行履约义务的金额为 430 万元，因此，应在资产负债表中作为合同负债列示。

（4）2×19 年 12 月 31 日的账务处理如下。

① 实际发生合同成本：

借：合同履约成本	610	
贷：原材料		305
应付职工薪酬		305

② 确认计量当期的合同收入并结转成本及已计提的合同损失：

合同收入＝合同总金额－截至目前累计已确认的收入＝2 900－812－638－870＝580（万元）

借：合同结算——收入结转	580	
贷：主营业务收入		580
借：主营业务成本	610	
贷：合同履约成本		610
借：预计负债	30	
贷：主营业务成本		30

2×19 年 12 月 31 日，"合同结算"科目的余额为借方 150 万元（430－580），是工程质保金，需等到客户于 2×20 年年底保质期结束且未发生重大质量问题后方能收款，应在资产负债表中作为合同资产列示。

（5）2×20 年的账务处理如下。

① 保质期结束且未发生重大质量问题：

| 借：应收账款 | 150 | |
| 　贷：合同结算 | | 150 |

② 实际收到合同价款：

| 借：银行存款 | 150 | |
| 　贷：应收账款 | | 150 |

▶▶ 答题方法论

1. 高频考点总结

本专题在历年真题中的高频、中频考点，如表 8 所示。

表8 收入主观题考点分频

考点	内容
高频考点	收入的确认和计量（五步法）、附有销售退回款的会计处理、附有客户额外购买选择权的会计处理、建造合同、附有质保条款的会计处理
中频考点	售后回购的会计处理、授予知识产权

2. 答题技巧

下列为收入常见的三个考点：

（1）收入的确认和计量原则；

（2）附有销售退回款的会计处理；

（3）附有客户额外购买选择权的会计处理。

上述考点的解题思路如表9至表11所示。

表9 收入的确认和计量"五步法"

步骤	内容
第一步：识别与客户订立的合同	书面、口头等形式
第二步：识别合同中的单项履约义务	履约义务是否单独可区分
第三步：确定交易价格	可变价格、重大融资成分、非现金对价、应付客户对价
第四步：将交易价格分摊至各单项履约义务	单独售价相对比例分摊
第五步：履行各单项履约义务时确认收入	时点履约或时段履约

表10 附有销售退回款核算原则

时间	原则
销售时	主营业务收入和主营业务成本按照估计可实现的销售收入和销售成本确认，估计的退货收入计入预计负债，估计的退货成本计入应收退货成本
期末	按照最新估计退货率调整预计负债和应收退货成本
退货期满	注销预计负债和应收退货成本的余额

表11 附有客户额外购买选择权核算原则

时间	原则
附有客户额外购买选择权的销售，企业提供重大权利的	按照有关交易价格分摊的要求将交易价格分摊至该履约义务
在客户未来行使购买选择权取得相关商品控制权时，或者该选择权失效时	确认相应的收入

专题四

所得税

考情分析 ▼

所得税

- **专题特点** 　主要研究如何调整会计与税法的差异。此外，由于合并财务报表中内部交易损益抵销等内容也会涉及所得税的调整，所以还可以与合并财务报表结合出题

- **呈现形式** 　主要以计算分析题、综合题的形式考查

- **分值分配** 　分值约8分，通常出1道计算分析题

- **答题技巧** 　注意递延所得税的对应科目

- **难易程度** 　★★★

专题概况
了解一下

▶▶ 经典试题及解析

经典试题1·计算分析题

甲股份有限公司（以下简称甲公司）2×15年发生的有关交易或事项中，会计处理与所得税处理存在差异的包括以下几项：

资料一

2×15年1月1日，甲公司以3 800万元取得乙公司20%股权，并自取得当日起向乙公司董事会派出1名董事，能够对乙公司财务和经营决策施加重大影响。取得股权时，乙公司可辨认净资产的公允价值与账面价值相同，均为16 000万元。

乙公司2×15年实现净利润500万元，当年取得的作为其他权益工具投资核算的股票投资2×15年年末市价相对于取得成本上升200万元。甲公司与乙公司于2×15年未发生交易。

甲公司拟长期持有对乙公司的投资。税法规定，我国境内设立的居民企业间股息、红利免税。

资料二

甲公司2×15年发生研发支出1 000万元，其中按照会计准则规定费用化的部分为400万元，资本化形成无形资产的部分为600万元。该研发形成的无形资产于2×15年7月1日达到预定用途，预计可使用5年，采用直线法摊销，预计净残值为零。税法规定，企业为开发新技术、新产品、新工艺发生的研究开发费用，未形成资产计入当期损益的，在据实扣除的基础上，按照研发费用的50%加计扣除；形成资产的，未来期间按照无形资产摊销金额的150%予以税前扣除（编者著：这是2018年之前的规定，当前按照研发费用的75%加计扣除；形成资产的，未来期间按照无形资产摊销金额的175%予以税前扣除）。该无形资产摊销方法、摊销年限及净残值的税法规定与会计相同。

资料三

甲公司2×15年利润总额为5 200万元。

其他相关资料：

（1）本题中有关公司均为我国境内居民企业，适用的所得税税率均为25%；预计甲公司未来期间能够产生足够的应纳税所得额用以抵扣可抵扣暂时性差异。

（2）甲公司2×15年年初递延所得税资产与负债的余额均为零，且不存在未确认递延所得税负债或递延所得税资产的暂时性差异。

要求：

（1）根据资料一、资料二，分别确定各交易或事项截至 2×15 年 12 月 31 日所形成资产的账面价值与计税基础，并说明是否应确认相关的递延所得税资产或负债及其理由。

（2）计算甲公司 2×15 年应交所得税，编制甲公司 2×15 年与所得税费用相关的会计分录。

（答案中的金额单位用万元表示）

<解析>

知识点

长期股权投资所得税处理、无形资产所得税处理

（1）2×15 年 12 月 31 日甲公司对乙公司长期股权投资的账面价值 = 3 800 + 500 × 20% + 200 × （1 − 25%）× 20% = 3 930（万元），其计税基础为 3 800 万元，表明该长期股权投资的账面价值与计税基础形成应纳税暂时性差异，但不应确认相关递延所得税负债。

在甲公司拟长期持有该投资的情况下，其账面价值与计税基础形成的暂时性差异将通过乙公司向甲公司分配现金股利或利润的方式消除，在两者适用所得税税率相同的情况下，有关利润在分回甲公司时是免税的，不产生对未来期间所得税的影响。

2×15 年 12 月 31 日该项无形资产的账面价值 = 600 − 600 ÷ 5 × 6/12 = 540（万元），计税基础 = 540 × 150% = 810（万元），该无形资产的账面价值与计税基础之间形成的可抵扣暂时性差异 270 万元，甲公司不应确认相关的递延所得税资产。

扫码观看
视频解析

该差异产生于自行研究开发形成无形资产的初始入账价值与其计税基础之间。会计准则规定，有关暂时性差异在产生时（交易发生时）既不影响会计利润，也不影响应纳税所得额，同时亦非产生于企业合并的情况下，不应确认相关暂时性差异的所得税影响。相应地，因初始确认差异所带来的后续影响亦不应予以确认。

（2）应纳税所得额 = 会计利润（5 200）− 长期股权投资权益法确认的投资收益（100）− 内部研究开发无形资产费用化加计扣除（400 × 50%）− 内部研究开发形成的无形资产按照税法规定加计摊销（600 ÷ 5 × 6/12 × 50%）= 4 870（万元）

甲公司 2×15 年应交所得税金额 = 4 870 × 25% = 1 217.5（万元）

相关会计分录如下：

借：所得税费用   1 217.5

  贷：应交税费——应交所得税   1 217.5

经典试题 2 · 计算分析题

2×14 年 1 月 1 日，甲公司递延所得税资产的账面价值为 100 万元，递延所得税负债的账面价值为零。2×14 年 12 月 31 日，甲公司有关资产、负债的账面价值和计税基础如下表所示。

账面价值和计税基础

单位：万元

项目名称	账面价值	计税基础
固定资产	12 000	15 000
无形资产	900	1 350
其他债权投资	5 000	3 000
预计负债	600	0

上表中，固定资产在初始计量时，入账价值与计税基础相同，无形资产的账面价值是当季季末新增的符合资本化条件的开发支出形成的，按照税法规定对于研究开发费用形成无形资产的，按照形成无形资产成本的 150% 作为计税基础（编者注：这是 2018 年之前的规定，当前按照形成无形资产成本的 175% 作为计税基础）。假定在确定无形资产账面价值及计税基础时均不考虑当季度摊销因素。

2×14 年度，甲公司实际净利润 8 000 万元，发生广告费 1 500 万元，按照税法规定准予从当年应纳税所得额中扣除的金额为 1 000 万元，其余可结转以后年度扣除。

甲公司适用的所得税税率为 25%，预计能够取得足够的应纳税所得额用于抵扣可抵扣暂时性差异的所得税影响，除所得税外，不考虑其他税费及其他因素影响。

要求：

（1）对上述事项或项目产生的暂时性差异影响，分别证明是否应计入递延所得税负债或递延所得税资产，分别说明理由。

（2）说明哪些暂时性差异的所得税影响应计入所有者权益。

（3）计算甲公司 2×14 年度应确认的递延所得税费用。

（答案中的金额单位用万元表示）

知识点

其他债权投资所得税处理

〈解析〉

（1）证明是否计入递延所得税负债或递延所得税资产。

① 固定资产：需要确认递延所得税资产；因为该固定资产的账面价值小于计税基础，形成可抵扣暂时性差异，需要确认递延所得税资产。

② 无形资产：不需要确认递延所得税资产；因为该无形资产是由于开发支出形成

的，其不属于企业合并，且初始确认时既不影响会计利润也不影响应纳税所得额，故不需要确认递延所得税。

③ 其他债权投资：需要确认递延所得税负债；因为该资产的账面价值大于计税基础，且是由于公允价值变动造成的，故形成应纳税暂时性差异，需要确认递延所得税。

④ 预计负债：需要确认递延所得税资产；因为该负债的账面价值大于计税基础，形成可抵扣暂时性差异。

⑤ 发生的广告费：需要确认递延所得税资产；因为该广告费实际发生的金额为1 500万元，其可以税前扣除的金额为1 000万元，税法规定允许未来税前扣除的金额为500万元，故形成可抵扣暂时性差异，需要确认递延所得税资产。

扫码观看
视频解析

（2）其他债权投资的暂时性差异产生的所得税影响应该计入所有者权益。因为其他债权投资产生的暂时性差异是通过其他综合收益核算的，故其确认的递延所得税也应该对应"其他综合收益"科目，影响所有者权益。

（3）固定资产形成可抵扣暂时性差异期末余额=15 000−12 000=3 000（万元）

递延所得税资产的期末余额=3 000×25%=750（万元）

预计负债形成的递延所得税资产期末余额=600×25%=150（万元）

广告费形成的递延所得税资产的本期发生额=500×25%=125（万元）

因此，递延所得税资产的本期发生额=（750+150）−100+125=925（万元）。

综上所述，甲公司2×14年度应确认的递延所得税费用=0−925=−925（万元）。

经典试题3·计算分析题

甲公司2×12年实现利润总额3 640万元，当年度发生的部分交易或事项如下：

资料一

自2×12年3月20日起自行研发一项新技术，2×12年以银行存款支付研发支出共计680万元，其中研究阶段支出为220万元，开发阶段符合资本化条件前支出为60万元，符合资本化条件后支出为400万元，研发活动至2×12年年底仍在进行中。税法规定，企业为开发新技术、新产品、新工艺发生的研究开发费用，未形成资产计入当期损益的，在按规定据实扣除的基础上，按照研究开发费用的50%加计扣除；形成无形资产的，按照无形资产成本的150%摊销（编者著：这是2018年之前的规定，当前按照研究开发费用的75%加计扣除；形成无形资产的，按照无形资产成本的175%摊销）。

资料二

2×12年7月10日，自公开市场以每股5.5元购入20万股乙公司股票，作为其他权益工具投资。2×12年12月31日，乙公司股票收盘价为每股7.8元。税法规定，企业持有的股票等金融资产以取得成本作为计税基础。

资料三

2×12年发生广告费2 000万元。甲公司当年度销售收入9 800万元。税法规定，企业发生的广告费不超过当年销售收入15%的部分，准予扣除；超过部分，准予在以后纳税年度结转扣除。

其他相关资料：甲公司适用的所得税税率为25%，本题不考虑中期财务报告的影响。除上述差异外，甲公司2×12年未发生其他纳税调整事项，递延所得税资产和负债无期初余额，假定甲公司在未来期间能够产生足够的应纳税所得额用以利用可抵扣暂时性差异的所得税影响。

要求：

（1）对甲公司2×12年自行研发新技术发生支出进行会计处理，确定2×12年12月31日所形成开发支出的计税基础，判断是否确认递延所得税并说明理由。

（2）对甲公司购入及持有乙公司股票进行会计处理，计算该其他权益工具投资在2×12年12月31日的计税基础，编制与确认递延所得税相关的会计分录。

（3）计算甲公司2×12年应交所得税和所得税费用，并编制与确认所得税费用相关的会计分录。

（答案中的金额单位用万元表示）

‹解析›

（1）甲公司2×12年自行研发新技术发生支出的会计分录如下：

借：研发支出——费用化支出　　　　　　　　280（220+60）

　　　　　　——资本化支出　　　　　　　　400

　　贷：银行存款　　　　　　　　　　　　　　　　　680

借：管理费用——研发费用　　　　　　　　　280

　　贷：研发支出——费用化支出　　　　　　　　　280

开发支出的计税基础=400×150%=600（万元），与其账面价值400万元之间形成的200万元暂时性差异不确认递延所得税资产。该项交易不是企业合并，交易发生时既不影响会计利润，也不影响应纳税所得额，若确认递延所得税资产，违背历史成本计量属性。

（2）甲公司购入及持有乙公司股票的会计分录如下：

借：其他权益工具投资——成本　　　　　　　　　110（20×5.5）

　　贷：银行存款　　　　　　　　　　　　　　　　　　　110

借：其他权益工具投资——公允价值变动　　　　46（20×7.8-20×5.5）

　　贷：其他综合收益　　　　　　　　　　　　　　　　　46

该其他权益工具投资在 2×12 年 12 月 31 日的计税基础为其取得时成本 110 万元。

确认递延所得税的会计分录如下：

借：其他综合收益　　　　　　　　　　　　　　11.5［（156-110）×25%］

　　贷：递延所得税负债　　　　　　　　　　　　　　　 11.5

（3）甲公司 2×12 年应交所得税=［3 640-280×50%+（2 000-9 800×15%）］×25%=1 007.5（万元）

甲公司 2×12 年递延所得税资产=（2 000-9 800×15%）×25%=132.5（万元）

甲公司 2×12 年所得税费用=1 007.5-132.5=875（万元）

确认所得税费用的会计分录如下：

借：所得税费用　　　　　　　　　　　　　　　875

　　递延所得税资产　　　　　　　　　　　　　132.5

　　贷：应交税费——应交所得税　　　　　　　　　 1 007.5

经典试题 4 · 综合题

甲公司适用的企业所得税税率为 25%。经当地税务机关批准，自 2×11 年 2 月取得第一笔生产经营收入所属纳税年度起，享受"三免三减半"的税收优惠政策，即 2×11 年至 2×13 年免缴企业所得税，2×14 年至 2×16 年减半按照 12.5% 的税率缴纳企业所得税。甲公司 2×13 年至 2×17 年有关会计处理与税收处理不一致的交易或事项如下：

资料一

2×12 年 12 月 10 日，甲公司购入一台不需要安装即可投入使用的行政管理用 A 设备，成本为 6 000 万元。A 设备采用年数总和法计提折旧，预计使用 5 年，预计无净残值。税法规定，固定资产按照年限平均法计提的折旧准予在税前扣除。假定税法规定的 A 设备预计使用年限及净残值与会计规定相同。

资料二

甲公司拥有一栋五层高的 B 楼房，用于本公司行政管理部门办公。迁往新建办公楼后，甲公司 2×17 年 1 月 1 日与乙公司签订租赁协议，将 B 楼房租赁给乙公司用。租赁合同约定，租赁期为 3 年，租赁期开始日为 2×17 年 1 月 1 日；年租金为 240 万元，于每月月末分期支付。B 楼房转换为投资性房地产前采用年限平均法计提折旧，预计使用 50 年，预计无净残值；转换为投资性房地产后采用公允价值模式进行后续计量。转换日，B 楼房原价为 800 万元，已计提折旧为 400 万元，公允价值为 1 300万元。2×17 年 12 月 31 日，B 楼房的公允价值为 1 500 万元。税法规定，企业的各项资产以历史成本为计量基础；固定资产按照年限平均法计提的折旧准予在税前扣除。假定税法规定的 B 楼房使用年限及净残值与其转换为投资性房地产前的会计规定相同。

资料三

2×17 年 7 月 1 日，甲公司以 1 000 万元的价格购入国家同日发行的国债，款项已用银行存款支付。该债券的面值为 1 000 万元，期限为 3 年，年利率为 5%（与实际利率相同），利息于每年 6 月 30 日支付，本金到期一次支付。甲公司根据其管理该国债的业务模式和该国债的合同现金流量特征，将购入的国债分类为以摊余成本计量的金融资产。税法规定，国债利息收入免缴企业所得税。

资料四

2×17 年 9 月 3 日，甲公司向符合税法规定条件的公益性社会团体捐赠现金 600 万元。税法规定，企业发生的公益性捐赠支出不超过年度利润总额 12% 的部分准予扣除。

其他相关资料：

（1）2×17 年度，甲公司实现利润总额 4 500 万元。

（2）2×13 年年初，甲公司递延所得税资产和递延所得税负债无余额，无未确认递延所得税资产的可抵扣暂时性差异和可抵扣亏损。除上面所述外，甲公司 2×13 年至 2×17 年无其他会计处理与税收处理不一致的交易或事项。

（3）2×13 年至 2×17 年各年年末，甲公司均有确凿证据表明未来期间很可能获得足够的应纳税所得额用来抵扣可抵扣暂时性差异。

（4）不考虑除所得税外的其他税费及其他因素。

要求：

（1）根据资料一，分别计算甲公司 2×13 年至 2×17 年各年 A 设备应计提的折旧，并填写完成下表。

A 设备账面价值与计税基础对比表   单位：万元

项目	2×13年 12月31日	2×14年 12月31日	2×15年 12月31日	2×16年 12月31日	2×17年 12月31日
账面价值					
计税基础					
暂时性差异					

（2）根据资料二，编制甲公司 2×17 年与 B 楼房转换为投资性房地产及其后续公允价值变动相关的会计分录。

（3）根据资料三，编制甲公司 2×17 年与购入国债及确认利息相关的会计分录。

（4）根据上述资料，计算甲公司 2×13 年至 2×16 年各年年末的递延所得税资产或负债余额。

（5）根据上述资料，计算甲公司 2×17 年的应交所得税和所得税费用，以及 2×17 年年末递延所得税资产或负债余额，并编制相关会计分录。

（答案中的金额单位用万元表示）

＜解析＞

知识点
投资性房地产转换、多个税率变更

（1）相关计算如下：

2×13 年 A 设备应计提的折旧＝6 000×5/（1+2+3+4+5）＝2 000（万元）

2×14 年 A 设备应计提的折旧＝6 000×4/（1+2+3+4+5）＝1 600（万元）

2×15 年 A 设备应计提的折旧＝6 000×3/（1+2+3+4+5）＝1 200（万元）

2×16 年 A 设备应计提的折旧＝6 000×2/（1+2+3+4+5）＝800（万元）

2×17 年 A 设备应计提的折旧＝6 000×1/（1+2+3+4+5）＝400（万元）

计算结果填列如下表所示：

A 设备账面价值与计税基础对比表   单位：万元

项目	2×13年 12月31日	2×14年 12月31日	2×15年 12月31日	2×16年 12月31日	2×17年 12月31日
账面价值	4 000	2 400	1 200	400	0
计税基础	4 800	3 600	2 400	1 200	0
暂时性差异	800	1 200	1 200	800	0

扫码观看视频解析

（2）借：投资性房地产——成本   1 300

　　　　累计折旧   400

　　　贷：固定资产   800

其他综合收益	900

借：投资性房地产——公允价值变动　　　　　　　　　　200

　　贷：公允价值变动损益　　　　　　　　　　　　　　　　200

（3）甲公司 2×17 年与购入国债及确认利息相关的会计分录如下：

借：债权投资　　　　　　　　　　　　　　　　　　1 000

　　贷：银行存款　　　　　　　　　　　　　　　　　　　1 000

借：应收利息　　　　　　　　　　　　　　　　　　　25

　　贷：投资收益　　　　　　　　　　　　　　　　　　　　25

（4）相关计算如下：

2×13 年年末的递延所得税资产余额＝400×12.5%＋400×25%＝150（万元）

2×14 年年末的递延所得税资产余额＝400×12.5%＋800×25%＝250（万元）

2×15 年年末的递延所得税资产余额＝400×12.5%＋800×25%＝250（万元）

2×16 年年末的递延所得税资产余额＝800×25%＝200（万元）

（5）相关计算如下：

应交所得税＝（4 500－800－200－16－25＋60）×25%＝879.75（万元）

递延所得税负债余额＝［1 500－（400－16）］×25%＝279（万元）

所得税费用＝879.75＋800×25%＋279－（1 300－400）×25%＝1 133.75（万元）

借：所得税费用　　　　　　　　　　　　　　　1 133.75

　　贷：递延所得税负债　　　　　　　　　　　　　　　　54

　　　　应交税费——应交所得税　　　　　　　　　　　879.75

　　　　递延所得税资产　　　　　　　　　　　　　　　200

借：其他综合收益　　　　　225［（1 300－400）×25%］

　　贷：递延所得税负债　　　　　　　　　　　　　　　225

▶▶ 模拟训练

模拟题 1·计算分析题

　　甲上市公司于 2×18 年 1 月设立，采用资产负债表债务法核算所得税费用，适用的所得税税率为 33%，甲公司 2×18 年利润总额为 5 000 万元，在当年发生的交易或事项中，会计规定与税法规定存在差异的项目如下：

资料一

2×18 年 12 月 31 日，甲公司应收账款余额为 3 000 万元，对该应收账款计提了 600 万元坏账准备。税法规定，企业计提的坏账准备不得税前扣除，应收款项发生实质性损失时允许税前扣除。

资料二

按照销售合同规定，甲公司承诺对销售的 A 产品提供 3 年免费售后服务。甲公司 2×18 年销售的 A 产品预计在售后服务期间将发生的费用为 200 万元，已计入当期损益。税法规定，与产品售后服务相关的支出在实际发生时允许税前扣除。甲公司 2×18 年未发生售后服务支出。

资料三

甲公司 2×18 年以 1 000 万元取得一项到期还本付息的国债投资，作为债权投资核算，该投资实际利率与票面利率相差较小，甲公司采用票面利率计算确定利息收入，当年确认国债利息收入 50 万元，计入债权投资账面价值，该国债投资在持有期间未发生减值。税法规定，国债利息收入免征所得税。

资料四

2×18 年 12 月 31 日，甲公司 Y 产品的账面余额为 2 200 万元，根据市场情况对 Y 产品计提跌价准备 350 万元，计入当期损益。税法规定，该类资产在发生实质性损失时允许税前扣除。

资料五

2×18 年 8 月，甲公司自公开市场购入基金，作为交易性金融资产核算，取得成本为 2 000 万元，2×18 年 12 月 31 日该基金的公允价值为 2 800 万元，公允价值相对账面价值的变动已计入当期损益，持有期间基金未进行分配。税法规定，该类资产在持有期间公允价值变动不计入应纳税所得额，待处置时一并计算应计入应纳税所得额的金额。

资料六

2×18 年 2 月 20 日，甲公司将闲置资金 300 万美元购买非交易性债务工具投资（分期付息的平价债券），划分为以公允价值计量且其变动计入其他综合收益的金融资产。当日，美元对人民币的汇率为 1 美元＝6.50 元人民币。

2×18 年 12 月 31 日，根据甲公司持有的债务工具投资价值为 310 万美元，当日美元对人民币的汇率为 1 美元＝6.70 元人民币。

税法规定，对于外币交易的折算采用交易发生时的即期汇率，但对于以公允价值计量的金融资产，持有期间内的公允价值变动不计入应纳税所得额。

其他相关资料：

（1）假定预期未来期间甲公司适用的所得税税率为 25%。

（2）甲公司预计未来期间能够产生足够的应纳税所得额用以抵扣可抵扣暂时性差异。

要求：

（1）编制 2×18 年度针对资料六的会计处理，无须编制所得税相关的会计分录。

（2）确定甲公司上述交易或事项中资产、负债在 2×18 年 12 月 31 日的计税基础，同时比较其账面价值与计税基础，计算所产生的应纳税暂时性差异或可抵扣暂时性差异的金额。

（3）计算甲公司 2×18 年应交所得税，并且编制 2×18 年所得税相关会计分录。

（答案中的金额单位用万元表示）

<解析>

知识点

外币其他债权投资所得税处理

（1）会计处理如下：

借：其他债权投资——成本	1 950	（300×6.5）
贷：银行存款——美元		1 950
借：其他债权投资	127	
贷：财务费用	60	[（6.7-6.5）×300]
其他综合收益	67	[（310-300）×6.7]

该会计处理与税收处理不同，会产生应纳税暂时性差异 127 万元，应确认相关递延所得税负债，并计入其他综合收益和所得税费用。

扫码观看
视频解析

（2）根据资料一至资料六总结 2×18 年差异变化。

资料一：应收账款账面价值为 2 400 万元，计税基础为 3 000 万元，可抵扣暂时性差异发生额为 600 万元。

资料二：预计负债账面价值为 200 万元，计税基础为零，可抵扣暂时性差异发生额为 200 万元。

资料三：国债利息收入 50 万元免税，不产生暂时性差异，产生的是永久性差异。

资料四：存货账面价值为 1 850 万元，计税基础为 2 200 万元，可抵扣暂时性差异发生额为 350 万元。

资料五：交易性金融资产账面价值为 2 800 万元，计税基础为 2 000 万元，应纳税暂时性差异发生额为 800 万元。

资料六：其他债权投资账面价值为 2 077 万元，计税基础为 1 950 万元，应纳税暂时性差异发生额为 127 万元。2×18 年差异变化汇总如下表所示。

2×18 年差异变化汇总　　　　　　　　　　　　　　　单位：万元

业务序号	差异类型	发生额	递延所得税对应科目
1	可抵扣暂时性差异	600	所得税费用
2	可抵扣暂时性差异	200	所得税费用
3	永久性差异	—	—
4	可抵扣暂时性差异	350	所得税费用
5	应纳税暂时性差异	800	所得税费用
6	应纳税暂时性差异	127	所得税费用、其他综合收益

（3）当期的所得税（应交所得税）计算应当采用当期税率（33%），递延所得税的计算应当采用未来税率（25%）。

应交所得税 =（5 000+600+200-50+350-800-60）×33% = 1 729.2（万元）

借：所得税费用　　　　　　　　　　　1 656.7（倒轧）

　　递延所得税资产　　　287.5［（600+200+350）×25%］

　　　贷：应交税费——应交所得税　　　　　　1 729.2

　　　　递延所得税负债　　　215［（800+60）×25%］

借：其他综合收益　　　　　　　　　　16.75

　　贷：递延所得税负债　　　　　16.75（67×25%）

模拟题 2·计算分析题

甲公司采用资产负债表债务法进行所得税的核算，适用的所得税税率为 25%，2×18 年年初递延所得税资产、递延所得税负债余额均为零，每年税前会计利润均为 3 000 万元。2×18 年、2×19 年甲公司发生以下事项：

资料一

甲公司 2×18 年发生研发支出 1 500 万元，其中按照会计准则规定费用化的部分为 600 万元，资本化形成无形资产的部分为 900 万元。该研发形成的无形资产于 2×18 年 7 月 1 日达到预定用途，预计可使用 5 年，采用直线法摊销，预计净残值为零。税法规定，企业为开发新技术、新产品、新工艺发生的研究开发费用，未形成资产计入当期损益的，在据实扣除的基础上，按照研发费用的 75% 加计扣除；形成资产的，未来期间按照无形资产摊销金额的 175% 予以税前扣除。该无形资产摊销方法、摊销年限及净残值的税法规定与会计相同。

资料二

每年计入投资收益的国债利息收入 80 万元。

资料三

2×18年3月发生违反行政法规而交付的罚款50万元。

资料四

2×18年6月30日购入某办公设备，买价100万元，增值税税额为16万元，无其他相关税费发生。甲公司对该固定资产采用年限平均法计提折旧，预计使用年限为5年，无残值。税法允许加速折旧，采用双倍余额递减法计提折旧，预计使用年限和净残值与会计规定相同。2×19年年末该设备账面价值高于可收回金额，计提20万元减值准备。确认减值后，资产的预计使用年限和净残值不变。

资料五

2×18年3月，甲公司从二级市场上购入某股票，将其指定为以公允价值计量且其变动计入其他综合收益的金融资产核算。年末其他权益工具投资账面价值为500万元，包括成本450万元和公允价值变动50万元，2×19年年末，其他权益工具投资账面价值为520万元，包括成本450万元和公允价值变动70万元。

资料六

2×18年年初，存货跌价准备余额为零。2×18年年末，存货账面价值1 000万元，计提存货跌价准备150万元。2×19年年末，存货账面价值900万元，销售结转存货跌价准备120万元，计提存货跌价准备160万元。

其他相关资料：本期没有发生其他纳税调整事项，预计甲公司未来期间能够产生足够的应纳税所得额用以抵扣可抵扣暂时性差异。

要求：

（1）根据资料一至资料六，分析上述事项或项目在2×18年产生的暂时性差异影响，分别说明其是否应计入递延所得税负债或递延所得税资产，并说明理由。

（2）计算甲公司2×18年应交所得税，并编制甲公司2×18年与所得税费用相关的会计分录。

（3）根据资料一至资料六，分析上述事项或项目在2×19年产生的暂时性差异影响，分别说明其是否应计入递延所得税负债或递延所得税资产，并说明理由。

（4）计算甲公司2×19年应交所得税，并编制甲公司2×19年与所得税费用相关的会计分录。

（答案中的金额单位用万元表示）

<解析>

知识点
无形资产加计扣除、暂时性差异转回

（1）2×18 年分析如下。

根据资料一：无形资产期末账面价值 = 900−900÷5÷2 = 810（万元），计税基础 = 810×175% = 1 417.5（万元），形成可抵扣暂时性差异 607.5 万元，但是不确认递延所得税。该差异产生于自行研究开发形成无形资产的初始入账价值与其计税基础之间。会计准则规定，除企业合并以外，有关暂时性差异在产生时（交易发生时）既不影响会计利润，也不影响应纳税所得额，不应确认相关暂时性差异的所得税影响。相应地，因初始确认差异所带来的后续影响亦不应予以确认。研发支出费用化部分加计扣除属于永久性差异，不确认递延所得税。

根据资料二：国债利息收入属于免税项目，属于永久性差异，不确认递延所得税。

根据资料三：行政罚款属于不允许税前扣除项目，属于永久性差异，不确认递延所得税。

根据资料四：固定资产期末账面价值 90 万元，计税基础 80 万元，形成应纳税暂时性差异 10 万元，应当确认递延所得税负债。递延所得税负债发生额 2.5 万元。

根据资料五：其他权益工具投资期末账面价值 500 万元，计税基础 450 万元，形成应纳税暂时性差异 50 万元，应当确认递延所得税负债。递延所得税负债发生额12.5 万元。

扫码观看
视频解析

根据资料六：存货期末账面价值为 1 000 万元，计税基础为 1 150 万元，形成可抵扣暂时性差异 150 万元，应当确认递延所得税资产。递延所得税资产发生额为 37.5 万元。

（2）2×18 年应交所得税 = （3 000−600×75%−900÷5÷2×75%−80+50−10+150）× 25% = 648.13（万元）

2×18 年 12 月 31 日：

借：所得税费用　　　　　　　　　　　　　　　613.13

　　递延所得税资产　　　　　　　37.5（150×25%）

　　　贷：应交税费——应交所得税　　　　　　　　　　648.13

　　　　　递延所得税负债　　　　　　　　　2.5（10×25%）

借：其他综合收益　　　　　　　　12.5（50×25%）

　　贷：递延所得税负债　　　　　　　　　　　　　　12.5

（3）2×19年分析如下。

根据资料一：无形资产期末账面价值=900-900÷5÷2-900÷5=630（万元），计税基础=630×175%=1 102.5（万元），形成可抵扣暂时性差异472.5万元，但是不确认递延所得税。该差异产生于自行研究开发形成无形资产的初始入账价值与其计税基础之间。会计准则规定，除企业合并以外，有关暂时性差异在产生时（交易发生时）既不影响会计利润，也不影响应纳税所得额，不应确认相关暂时性差异的所得税影响。相应地，因初始确认差异所带来的后续影响亦不应予以确认。

根据资料二：国债利息收入属于免税项目，属于永久性差异，不确认递延所得税。

根据资料四：固定资产期末账面价值为50万元，计税基础为48万元，形成应纳税暂时性差异余额2万元，应当确认递延所得税负债。递延所得税负债转回2万元。

根据资料五：其他权益工具投资期末账面价值为520万元，计税基础为450万元，形成应纳税暂时性差异余额70万元，应当确认递延所得税负债。递延所得税负债发生额5万元。

根据资料六：存货期末账面价值为900万元，计税基础为1 090万元，形成可抵扣暂时性差异余额190万元，应当确认递延所得税资产。递延所得税资产发生额为10万元。

（4）2×19年应交所得税=（3 000-900÷5×75%-80+8+40）×25%=708.25（万元）

2×19年12月31日：

借：所得税费用 696.25
  递延所得税资产 10（40×25%）
  递延所得税负债 2（8×25%）
  贷：应交税费——应交所得税 708.25
借：其他综合收益 5［（70-50）×25%］
  贷：递延所得税负债 5

模拟题3·计算分析题

甲上市公司于2×18年1月设立，采用资产负债表债务法核算所得税费用，适用的所得税税率为33%，甲公司2×18年利润总额为5 000万元，在当年发生的交易或事项中，会计规定与税法规定存在差异的项目如下：

资料一

2×18 年 3 月 31 日，甲公司将一栋写字楼对外出租并采用公允价值模式进行后续计量，当日该写字楼的公允价值为 1 260 万元。该写字楼系 2×13 年 12 月 30 日购入，取得时成本为 1 440 万元，会计和税法均采用年限平均法计提折旧，预计使用年限为 20 年，预计净残值为零。2×18 年 12 月 31 日，该写字楼公允价值为 1 440 万元。

资料二

2×18 年发生广告费用及业务宣传费共计 1 800 万元，款项尚未支付，销售收入为 10 000 万元，税法规定，企业发生的该类支出不超过当年销售收入 15% 的部分可以税前扣除，超过部分允许以后年度结转税前扣除。

资料三

2×18 年 6 月 25 日，甲公司购入一台环保设备，共发生支出 400 万元，购入后即投入使用。甲公司预计该环保设备的使用年限为 5 年，税法规定，该环保设备按照 10 年计提折旧，税法与会计都规定采用年限平均法计提折旧，预计净残值为零。

资料四

2×18 年 10 月 1 日，甲公司向与无关联关系的 B 公司借入 600 万元借款，约定的年利率为 8%，期限 3 年。假设 3 年内同期银行贷款利率为 5%。税法规定，不高于金融机构同期贷款利率的金额允许税前扣除。

资料五

2×18 年，甲公司收到与资产相关的政府补助 1 600 万元，不属于免税收入，甲公司对于此类政府补助采用总额法核算，相关资产至年末尚未开始计提折旧。

资料六

2×18 年，甲公司购入乙公司 30% 股权并具有重大影响，采用权益法核算，其初始投资成本为 1 000 万元，截至 2×18 年 12 月 31 日，因乙公司 2×18 年实现净利润，甲公司按持股比例计算确认增加的长期股权投资账面价值 200 万元；因乙公司持有其他权益变动产生的其他资本公积增加，甲公司按持股比例计算确认增加的长期股权投资账面价值 60 万元，乙公司除上述之外无权益变动。甲公司计划于 2×20 年出售该项股权投资，但出售计划尚未经董事会和股东大会批准。税法规定，居民企业间的股息、红利免税。

其他相关资料：

（1）假定预期未来期间甲公司适用的所得税税率为 25%。

（2）甲公司预计未来期间能够产生足够的应纳税所得额用以抵扣可抵扣暂时性差异。

要求：

（1）确定甲公司上述交易或事项中资产、负债在2×18年12月31日的计税基础，同时比较其账面价值与计税基础，计算所产生的应纳税暂时性差异或可抵扣暂时性差异的金额。

（2）计算甲公司2×18年应纳税所得额、应交所得税、递延所得税费用（或收益）。

（3）编制甲公司2×18年确认所得税费用的会计分录。

（答案中的金额单位用万元表示）

‹解析›

（1）资料一：投资性房地产期末账面价值为1 440万元，计税基础＝1 440－1 440÷20×5＝1 080（万元），资产的账面价值大于计税基础，产生应纳税暂时性差异＝1 440－1 080＝360（万元）。

增加递延所得税负债＝360×25%＝90（万元），其中，增加所得税费用＝[（1 440－1 260）＋1 440÷20× 9/12]×25%＝58.5（万元），增加其他综合收益＝[1 260－（1 440－1 440÷20÷12×51）]×25%＝31.5（万元）。

资料二：其他应付款期末账面价值为1 800万元，计税基础为1 500万元，产生可抵扣暂时性差异300万元。增加递延所得税资产75万元，对应所得税费用。

资料三：固定资产期末账面价值＝400－400÷5÷12×6＝360（万元），计税基础＝400－400÷10÷12×6＝380（万元），产生可抵扣暂时性差异20万元。增加递延所得税资产5万元，对应所得税费用。

资料四：高于金融机构同期贷款利率的金额不允许税前扣除，属于永久性差异，不确认递延所得税。

扫码观看
视频解析

资料五：递延收益账面价值为1 600万元，计税基础为零，产生可抵扣暂时性差异1 600万元。增加递延所得税资产400万元，对应所得税费用。

资料六：甲公司长期股权投资权益法核算下的账面价值为1 260万元，计税基础为1 000万元，产生应纳税暂时性差异260万元，甲公司的长期股权投资拟于2×20年出售，出售计划未经董事会批准，因此不确认递延所得税负债。2×18年差异变化汇总如下表所示。

2×18 年差异变化汇总　　　　　　　　　　　　　单位：万元

业务序号	差异类型	发生额	递延所得税对应科目
1	应纳税暂时性差异	360	所得税费用、其他综合收益
2	可抵扣暂时性差异	300	所得税费用
3	可抵扣暂时性差异	20	所得税费用
4	永久性差异	—	—
5	可抵扣暂时性差异	1 600	所得税费用
6	应纳税暂时性差异	260	不确认递延所得税

（2）应纳税所得额＝5 000－（1 440－1 260）－1 440÷20×9/12＋300＋（400÷5÷12×6－400÷10÷12×6）＋（600×8%×3/12－600×5%×3/12）＋1 600－200＝6 490.5（万元）

应交所得税＝6 490.5×33%＝2 141.87（万元）

递延所得税收益＝（300＋20＋1 600）×25%－58.5＝421.5（万元）

（3）相关会计分录如下：

借：所得税费用　　　　　　　　　　　　　1 720.37（倒轧）

　　递延所得税资产　　　　　　　　480［（300＋20＋1 600）×25%］

　　　贷：应交税费——应交所得税　　　2 141.87（6 490.5×33%）

　　　　　递延所得税负债　　　　　　　　58.5

借：其他综合收益　　　　　　　　　　　　31.5

　　贷：递延所得税负债　　　　　　　　　31.5

▶ 答题方法论

1. 高频考点总结

本专题在历年真题中的高频、中频、低频考点，如表 12 所示。

表 12　所得税主观题考点分频

考点	内容
高频考点	资产与负债的计税基础、暂时性差异与永久性差异、应纳税暂时性差异与可抵扣暂时性差异、递延所得税资产与递延所得税负债的确认、应纳税所得额的核算、所得税费用的核算
中频考点	税率变更
低频考点	股份支付确认递延所得税

2. 答题技巧

具体答题技巧，如表 13 所示。

表 13　所得税"四步法"答题策略

步骤	策略
第一步	分析差异的性质，属于暂时性差异或者永久性差异
第二步	根据暂时性差异确认递延所得税（注意：不能确认的情形），如果存在税率变更的情形，递延所得税计算应当应用转回期间的税率
第三步	确认应交所得税，根据利润总额调整为应纳税所得额，再按照应纳税所得额乘以当期税率计算应交所得税
第四步	确认所得税费用，"应交税费——应交所得税"对应科目是所得税费用，但是递延所得税未必都是对应所得税费用，需要具体分析

长期股权投资与合并财务报表

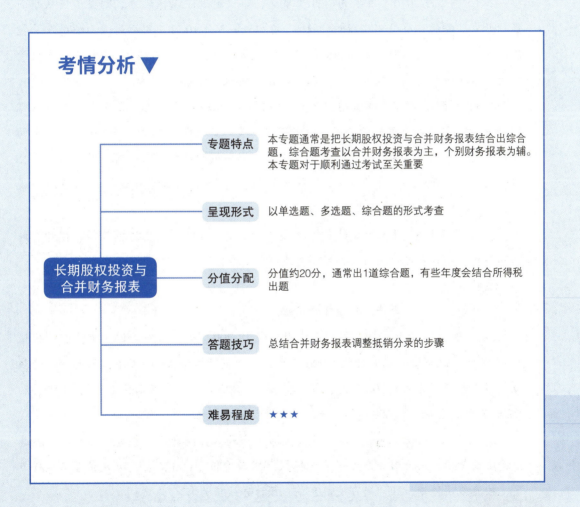

考情分析 ▼

长期股权投资与合并财务报表

专题特点 本专题通常是把长期股权投资与合并财务报表结合出综合题，综合题考查以合并财务报表为主，个别财务报表为辅。本专题对于顺利通过考试至关重要

呈现形式 以单选题、多选题、综合题的形式考查

分值分配 分值约20分，通常出1道综合题，有些年度会结合所得税出题

答题技巧 总结合并财务报表调整抵销分录的步骤

难易程度 ★★★

专题概况
了解一下

▶▶ 经典试题及解析

经典试题1·综合题

甲公司为境内上市公司，专门从事能源生产业务。2×15年，甲公司发生的企业合并及相关交易或事项如下：

资料一

2×15年2月20日，甲公司召开董事会，审议通过了以换股方式购买专门从事新能源开发业务的乙公司80%股权的议案。2×15年3月10日，甲公司、乙公司及其控股股东丙公司各自内部决策机构批准了该项交易方案。2×15年6月15日，证券监管机构核准了甲公司以换股方式购买乙公司80%股权的方案。

2×15年6月30日，甲公司以3∶1的比例向丙公司发行6 000万股普通股，取得乙公司80%股权，有关股份登记和股东变更手续当日完成；同日，甲公司、乙公司的董事会进行了改选，丙公司开始控制甲公司，甲公司开始控制乙公司，甲公司、乙公司普通股每股面值均为1元，2×15年6月30日，甲公司普通股的公允价值为每股3元，乙公司普通股的公允价值为每股9元。

2×15年7月16日，甲公司支付为实施上述换股合并而发生的会计师、律师、评估师等费用350万元，支付财务顾问费1 200万元。

资料二

甲公司、乙公司资产、负债等情况如下：

2×15年6月30日，甲公司账面资产总额17 200万元，其中，固定资产账面价值4 500万元，无形资产账面价值1 500万元；账面负债总额9 000万元；账面所有者权益（股东权益）合计8 200万元，其中，股本5 000万元（每股面值1元），资本公积1 200万元，盈余公积600万元，未分配利润1 400万元。

2×15年6月30日，甲公司除一项无形资产外，其他资产、负债的公允价值与其账面价值相同，该无形资产为一项商标权，账面价值1 000万元，公允价值3 000万元，按直线法摊销，预计尚可使用5年，预计净残值为零。

2×15年6月30日，乙公司账面资产总额34 400万元，其中，固定资产账面价值8 000万元，无形资产账面价值3 500万元，账面负债总额13 400万元，账面所有者权益（股东权益）合计21 000万元。其中，股本2 500万元（每股面值1元），资本公积500万元，盈余公积1 800万元，未分配利润16 200万元。2×15年6月30日，乙公司除一项固定资产外，其他资产、负债的公允价值与其账面价值相同，该固定资产为一栋办公楼，账面价值 3 500 万元，公允价值 6 000 万元，按年限平均法计提折旧。预计尚可使用 20 年，预计净残值为零。

资料三

2×15 年 12 月 20 日，甲公司向乙公司销售一批产品，销售价格（不含增值税）为 100 万元，成本为 80 万元，款项已收取。截至 2×15 年 12 月 31 日，乙公司确认甲公司购入的产品已对外出售 50%，其余 50% 形成存货。

其他相关资料：

（1）合并前，丙公司、丁公司分别持有乙公司 80% 和 20% 股权，甲公司与乙公司、丙公司、丁公司不存在任何关联方关系；合并后，甲公司与乙公司除资料三所述内部交易外，不存在其他任何内部交易。

（2）甲公司和乙公司均按照年度净利润的 10% 计提法定盈余公积，不计提任意盈余公积。企业合并后，甲公司和乙公司没有向股东分配利润。

（3）甲公司和乙公司适用的企业所得税税率均为 25%，甲公司以换股方式购买乙公司 80% 股权的交易是用特殊税务处理规定，即收购企业、被收购企业的原有各项资产和负债的计税基础保持不变，甲公司和乙公司合并前的各项资产、负债的账面价值与其计税基础相同。不存在其他未确认暂时性差异所得税影响的事项。甲公司和乙公司预计未来年度均有足够的应纳税所得额用以抵扣可抵扣暂时性差异。除所得税外，不考虑增值税及其他相关税费，不考虑其他因素。

要求：

（1）根据资料一、资料二及其他相关资料，判断该项企业合并的类型及会计上的购买方和被购买方，并说明理由。

（2）根据资料一、资料二及其他相关资料，确定该项企业合并的购买日（或合并日），并说明理由。

（3）根据资料一、资料二及其他相关资料，计算甲公司取得乙公司 80% 股权投资的成本，并编制相关会计分录。

（4）根据资料一、资料二及其他相关资料，计算该项企业合并的合并成本和商誉（如有）。

（5）根据资料一、资料二及其他相关资料，计算甲公司购买日（或合并日）合并资产负债表中固定资产、无形资产、递延所得税资产（或负债）、盈余公积和未分配利润的列报金额。

（6）根据资料三，编制甲公司 2×15 年合并财务报表相关的抵销分录。

（答案中的金额单位用万元表示）

<解析>

（1）合并类型：构成业务的反向购买；会计上的购买方为乙公司；会计上的被购买方为甲公司。2×15 年 6 月 30 日，甲公司以 3：1 的比例向丙公司发行 6 000 万普通股，取得乙公司 80% 股权，有关股份登记和股东变更手续当日完成；同日，甲公司、乙公司的董事会进行了改选，丙公司持有甲公司股权比例 = 6 000/（5 000+6 000）× 100% = 54.55%，丙公司开始控制甲公司，甲公司开始控制乙公司；甲公司与乙公司、丙公司不存在任何关联方联系。

（2）购买日为 2×15 年 6 月 30 日。2×15 年 6 月 30 日，甲公司以 3：1 的比例向丙公司发行 6 000 万普通股，取得乙公司 80% 股权，有关股份登记和股东变更手续当日完成；同日，甲公司、乙公司的董事会进行了改选，实质上购买方取得对被购买方的控制权。

（3）甲公司取得乙公司 80% 股权投资的成本 = 6 000×3 = 18 000（万元）

相关会计分录如下：

借：长期股权投资		18 000
贷：股本		6 000
资本公积——股本溢价		12 000
借：管理费用		1 550
贷：银行存款		1 550

（4）方法一：

企业合并后，乙公司原股东丙公司持有甲公司的股权比例 = 6 000/（6 000+5 000）× 100% = 54.55%；假定乙公司发行本公司普通股股票合并甲公司，在合并后主体享有同样的股权比例，乙公司应当发行的普通股股数 = 2 500×80%÷54.55%−2 500×80% = 1 666.36（万股）。

企业合并成本 = 1 666.36×9 = 14 997.24（万元）

企业合并商誉 = 14 997.24−（8 200+2 000−2 000×25%）= 5 297.24（万元）

方法二：

因甲公司 3 股股票换入乙公司 1 股股票，假定乙公司发行本公司普通股股票合并原甲公司净资产，则需发行股票 = 5 000÷3 = 1 666.67（万股）。

企业合并成本 = 1 666.67×9 = 15 000.03（万元）

企业合并商誉=15 000.03-(8 200+2 000-2 000×25%)=5 300.03（万元）

（5）固定资产的列报金额=4 500+8 000=12 500（万元）

无形资产的列报金额=1 500+(3 000-1 000)+3 500=7 000（万元）

递延所得税负债的列报金额=(3 000-1 000)×25%=500（万元）

盈余公积的列报金额=1 800×80%=1 440（万元）

未分配利润的列报金额=16 200×80%=12 960（万元）

（6）甲公司2×15年合并财务报表相关的抵销分录：

借：营业收入   100

 贷：营业成本   90

   存货   10

借：递延所得税资产   2.5（10×25%）

 贷：所得税费用   2.5

经典试题2·综合题

甲股份有限公司（以下简称甲公司）及其子公司2×13年、2×14年、2×15年进行的有关资本运作、销售等交易或事项如下：

资料一

2×13年9月，甲公司与乙公司控股股东P公司签订协议，约定以发行甲公司股份为对价购买P公司持有的乙公司60%股权。协议同时约定：评估基准日为2×13年9月30日，以该基准日经评估的乙公司股权价值为基础，甲公司以每股9元的价格发行本公司股份作为对价。

乙公司全部权益（100%）于2×13年9月30日的公允价值为18亿元，甲公司向P公司发行1.2亿股，交易完成后，P公司持有股份占甲公司全部发行在外普通股股份的8%。上述协议分别经交易各方内部决策机构批准并于2×13年12月20日经监管机构核准。甲公司于2×13年12月31日向P公司发行1.2亿股，当日甲公司股票收盘价为每股9.5元（公允价值）；交易各方于当日办理了乙公司股权过户登记手续，甲公司对乙公司董事会进行改组。改组后乙公司董事会由7名董事组成，其中甲公司派出5名，对乙公司实施控制；当日，乙公司可辨认净资产公允价值为18.5亿元（有关可辨认资产、负债的公允价值与账面价值相同）；乙公司2×13年12月31日账面所有者权益构成为：实收资本40 000万元、资本公积60 000万元、盈余公积23 300万元、未分配利润61 700万元。

该项交易中，甲公司以银行存款支付法律、评估等中介机构费用1 200万元。

协议约定，P公司承诺本次交易完成后的2×14年、2×15年和2×16年三个会计年度乙公司实现的净利润分别不低于10 000万元、12 000万元和20 000万元。乙公司实现的净利润低于上述承诺利润的，P公司将按照出售股权比例，以现金对甲公司进行补偿。各年度利润补偿单独计算，且已经支付的补偿不予退还。

2×13年12月31日，甲公司认为乙公司在2×14年至2×16年期间基本能够实现承诺利润，发生业绩补偿的可能性较小。

资料二

2×14年4月，甲公司自乙公司购入一批W商品并拟对外出售，该批商品在乙公司的成本为200万元，售价为260万元（不含增值税，与对第三方的售价相同），截至2×14年12月31日，甲公司已对外销售该批商品的40%，但尚未向乙公司支付货款。乙公司对1年以内的应收账款按照余额的5%计提坏账准备，对1~2年的应收账款按照20%计提坏账准备。

资料三

乙公司2×14年实现净利润5 000万元，较原承诺利润少5 000万元。2×14年年末，根据乙公司利润实现情况及市场预期，甲公司估计乙公司未实现承诺利润是暂时性的，2×15年、2×16年仍能够完成承诺利润；经测试该时点商誉未发生减值。

2×15年2月10日，甲公司收到P公司2×14年业绩补偿款3 000万元。

资料四

2×14年12月31日，甲公司向乙公司出售一栋房屋，该房屋在甲公司的账面价值为800万元，出售给乙公司的价格为1 160万元。乙公司取得后作为管理用房，预计未来仍可使用12年，采用年限平均法计提折旧，预计净残值为零。

截至2×15年12月31日，甲公司原自乙公司购入的W商品累计已有80%对外出售，货款仍未支付。

乙公司2×15年实现净利润12 000万元，2×15年12月31日账面所有者权益构成为：实收资本40 000万元、资本公积60 000万元、盈余公积25 000万元、未分配利润77 000万元。

其他相关资料：本题中甲公司与乙公司、P公司在并购交易发生前不存在关联关系；本题中有关公司均按净利润的10%提取法定盈余公积，不计提任意盈余公积；不考虑相关税费和其他因素。

要求：

（1）判断甲公司合并乙公司的类型，并说明理由。若为同一控制下企业合并，计算确定该项交易中甲公司对乙公司长期股权投资的成本；若为非同一控制下企业合并，确定该项交易中甲公司的企业合并成本，计算应确认商誉的金额；编制甲公司取得乙公司 60% 股权的相关会计分录。

（2）对于因乙公司 2×14 年未实现承诺利润，说明甲公司应进行的会计处理及理由，并编制相关会计分录。

（3）编制甲公司 2×15 年合并财务报表与乙公司相关的调整抵销会计分录。

（答案中的金额单位用万元表示）

＜解析＞

（1）因为甲公司与乙公司、P 公司在本次并购交易前不存在关联关系，所以甲公司对乙公司的合并属于非同一控制下企业合并。

甲公司对乙公司的企业合并成本 = 12 000×9.5 = 114 000（万元）

应确认商誉 = 114 000−185 000×60% = 3 000（万元）

借：长期股权投资	114 000	
贷：股本		12 000
资本公积		102 000
借：管理费用	1 200	
贷：银行存款		1 200

（2）甲公司应将预期可能取得的补偿款计入预期获得 2×14 年度损益。

该部分金额是企业合并交易中的或有对价，因不属于购买日 12 个月内可以对企业合并成本进行调整的因素，应当计入预期取得当期损益。

2×14 年年末补偿金额确定时：

借：交易性金融资产	3 000	
贷：投资收益		3 000

2×15 年 2 月收到补偿款时：

借：银行存款	3 000	
贷：交易性金融资产		3 000

（3）2×14 年内部出售房屋：

借：年初未分配利润	360（1 160−800）	
贷：固定资产		360

扫码观看
视频解析

借：固定资产   30

   贷：管理费用   30

2×14 年内部出售商品：

借：应付账款   260

   贷：应收账款   260

借：应收账款   13

   贷：年初未分配利润   13（260×5%）

借：应收账款   39（260×20%−13）

   贷：信用减值损失   39

借：年初未分配利润   5.2（13×40%）

   贷：少数股东权益   5.2

借：少数股东损益   15.6（39×40%）

   贷：少数股东权益   15.6

借：年初未分配利润   36

   贷：营业成本   36

借：营业成本   12

   贷：存货   12

借：少数股东权益   14.4

   贷：年初未分配利润   14.4（60×60%×40%）（上年未实现部分）

借：少数股东损益   9.6（60×40%×40%）（本年实现部分）

   贷：少数股东权益   9.6

将成本法调整为权益法：

借：长期股权投资   10 200

   贷：投资收益   7 200

      年初未分配利润   3 000

2×15 年将母公司的长期股权投资与子公司的所有者权益进行抵销：

借：实收资本   40 000

   资本公积   60 000

   盈余公积   25 000

   年末未分配利润   77 000

   商誉   3 000

   贷：长期股权投资   124 200

少数股东权益 80 800

借：投资收益 7 200

少数股东损益 4 800

年初未分配利润 66 200（61 700+5 000-500）

贷：提取盈余公积 1 200

年末未分配利润 77 000

经典试题 3·综合题

甲公司、乙公司 2×11 年有关交易或事项如下：

资料一

1月1日，甲公司向乙公司控股股东丙公司定向增发本公司普通股股票 1 400 万股（每股面值为 1 元，市价为 15 元），以取得丙公司持有的乙公司 70% 股权，实现对乙公司财务和经营政策的控制，股权登记手续于当日办理完毕，交易后丙公司拥有甲公司发行在外普通股的 5%。甲公司为定向增发普通股股票，支付券商佣金及手续费 300 万元；为核实乙公司资产价值，支付资产评估费 20 万元；相关款项已通过银行支付。当日，乙公司净资产账面价值为 24 000 万元，其中：股本 6 000 万元、资本公积 5 000 万元、盈余公积 1 500 万元、未分配利润 11 500 万元；乙公司可辨认净资产的公允价值为 27 000 万元。

乙公司可辨认净资产账面价值与公允价值的差额系由以下两项资产所致：①一批库存商品，成本为 8 000 万元，未计提存货跌价准备，公允价值为 8 600 万元；②一栋办公楼，成本为 20 000 万元，累计折旧 6 000 万元，未计提减值准备，公允价值为 16 400 万元。上述库存商品于 2×11 年 12 月 31 日前全部实现对外销售；上述办公楼预计自 2×11 年 1 月 1 日起剩余使用年限为 10 年，预计净残值为零，采用年限平均法计提折旧。

资料二

2月5日，甲公司向乙公司销售产品一批，销售价格为 2 500 万元（不含增值税额，下同），产品成本为 1 750 万元。至年末，乙公司已对外销售 70%，另 30% 形成存货，未发生跌价损失。

资料三

6月15日，甲公司以 2 000 万元的价格将其生产的产品销售给乙公司，销售成本为 1 700 万元，款项已于当日收存银行。乙公司取得该产品后作为管理用固定资产并于当月投入使用，采用年限平均法计提折旧，预计使用 5 年，预计净残值为零。至年末，该项固定资产未发生减值。

资料四

10 月 2 日，甲公司以一项专利权交换乙公司生产的产品。交换日，甲公司专利权的成本为 4 800 万元，累计摊销 1 200 万元，未计提减值准备，公允价值为 3 900 万元；乙公司换入的专利权作为管理用无形资产使用，采用直线法摊销，预计尚可使用 5 年，预计净残值为零。乙公司用于交换的产品成本为 3 480 万元，未计提跌价准备，交换日的公允价值为 3 600 万元，乙公司另支付了 300 万元给甲公司；甲公司换入的产品作为存货，至年末尚未出售。上述两项资产已于 2×11 年 10 月 10 日办理了资产划转和交接手续，且交换资产未发生减值。

资料五

12 月 31 日，甲公司应收账款账面余额为 2 500 万元，计提坏账准备 200 万元。该应收账款系 2 月向乙公司赊销产品形成。

资料六

2×11 年度，乙公司利润表中实现净利润 9 000 万元，提取盈余公积 900 万元，因持有的其他债权投资公允价值上升计入当期其他综合收益的金额为 500 万元。当年，乙公司向股东分配现金股利 4 000 万元，其中甲公司分得现金股利 2 800 万元。

其他相关资料：

（1）2×11 年 1 月 1 日前，甲公司与乙公司、丙公司均不存在任何关联方关系；

（2）甲公司与乙公司均以公历年度作为会计年度，采用相同的会计政策；

（3）假定不考虑所得税及其他因素，甲公司和乙公司均按当年净利润的 10% 提取法定盈余公积，不提取任意盈余公积。

要求：

（1）计算甲公司取得乙公司 70% 股权的成本，并编制相关会计分录。

（2）计算甲公司在编制购买日合并财务报表时因购买乙公司股权应确认的商誉。

（3）编制甲公司 2×11 年 12 月 31 日合并乙公司财务报表时按照权益法调整对乙公司长期股权投资的会计分录。

（4）编制甲公司 2×11 年 12 月 31 日合并乙公司财务报表相关的抵销分录。

（不要求编制与合并现金流量表相关的抵销分录，答案中的金额单位用万元表示）

<解析>

（1）甲公司对乙公司长期股权投资的成本=15×1 400=21 000（万元）

借：长期股权投资	21 000
管理费用	20
贷：股本	1 400
资本公积——股本溢价	19 300
银行存款	320

知识点

非同一控制下企业合并、内部交易、非货币性资产交换

（2）甲公司购买日因购买乙公司股权在合并财务报表中应确认的商誉=21 000-27 000×70%=2 100（万元）

扫码观看
视频解析

（3）调整后的乙公司2×11年度净利润=9 000-（8 600-8 000）-［16 400-（20 000-6 000）］÷10=8 160（万元）

借：长期股权投资	5 712（8 160×70%）
贷：投资收益	5 712
借：投资收益	2 800
贷：长期股权投资	2 800
借：长期股权投资	350（500×70%）
贷：其他综合收益	350

（4）内部交易抵销分录如下。

① 内部存货交易抵销：

借：营业收入	2 500
贷：营业成本	2 275
存货	225［（2 500-1 750）×30%］

② 内部固定资产交易抵销：

借：营业收入	2 000
贷：营业成本	1 700
固定资产（原价）	300
借：固定资产（累计折旧）	30
贷：管理费用	30（300÷5×6/12）

③ 内部无形资产交易抵销：

借：资产处置收益	300
贷：无形资产（原价）	300

借：无形资产（累计摊销） 15

　　贷：管理费用 15（300÷5×3/12）

借：营业收入 3 600

　　贷：营业成本 3 480

　　　　存货 120

借：少数股东权益 36[（3 600−3 480）×30%]

　　贷：少数股东损益 36

④ 内部债权债务交易抵销：

借：应付账款 2 500

　　贷：应收账款 2 500

借：应收账款（坏账准备） 200

　　贷：信用减值损失 200

⑤ 母公司长期股权投资与子公司所有者权益抵销：

借：股本 6 000

　　资本公积 8 000（5 000+600+2 400）

　　其他综合收益 500

　　盈余公积 2 400（1 500+900）

　　年末未分配利润 14 760（11 500+8 160−900−4 000）

　　商誉 2 100

　　贷：长期股权投资 24 262（21 000+5 712+350−2 800）

　　　　少数股东权益 9 498[（6 000+8 000+500+2 400+14 760）×30%]

⑥ 合并报表需要抵销母公司对子公司的投资收益：

借：投资收益 5 712

　　少数股东损益 2 448（8 160×30%）

　　年初未分配利润 11 500

　　贷：提取盈余公积 900

　　　　对股东的分配 4 000

　　　　年末未分配利润 14 760

合并财务报表中确认的少数股东损益=2 448−36=2 412（万元）

少数股东权益=9 498−36=9 462（万元）

经典试题 4·综合题

甲公司为我国境内的上市公司，该公司 2×16 年经股东大会批准处置部分股权，其有关交易或事项如下：

资料一

甲公司于 2×16 年 1 月 1 日出售其所持子公司（乙公司）股权的 60%，所得价款 10 000 万元收存银行，同时办理了股权划转手续。当日，甲公司持有乙公司剩余股权的公允价值为 6 500 万元。甲公司出售乙公司股权后，仍持有乙公司 28% 股权并在乙公司董事会中派出 1 名董事。

甲公司原所持乙公司 70% 股权系 2×15 年 1 月 1 日以 11 000 万元从非关联方购入，购买日乙公司可辨认净资产的公允价值为 15 000 万元，除办公楼的公允价值大于账面价值 4 000 万元外，其余各项可辨认资产、负债的公允价值与账面价值相同。上述办公楼按 20 年、采用年限平均法计提折旧，自购买日开始尚可使用 16 年，预计净残值为零。2×15 年 1 月 1 日至 2×15 年 12 月 31 日，乙公司按其资产、负债账面价值计算的净资产增加 2 400 万元，其中：净利润增加 2 000 万元，其他债权投资公允价值增加 400 万元。

资料二

甲公司于 2×16 年 9 月 30 日出售其所持子公司（丙公司）股权的 10%，所得价款 3 500 万元收存银行，同时办理了股权划转手续。甲公司出售丙公司股权后，仍持有丙公司 90% 股权并保持对丙公司的控制。甲公司所持丙公司 100% 股权系 2×14 年 3 月 1 日以 30 000 万元投资设立，丙公司注册资本为 30 000 万元，自丙公司设立起至出售股权止，丙公司除实现净利润 4 500 万元外，无其他所有者权益变动。

资料三

甲公司于 2×16 年 12 月 30 日出售其所持联营企业（丁公司）股权的 50%，所得价款 1 900 万元收存银行，同时办理了股权划转手续。甲公司出售丁公司股权后持有丁公司 12% 的股权，对丁公司不再具有重大影响。甲公司所持丁公司 24% 股权系 2×13 年 1 月 5 日购入，初始投资成本为 2 000 万元。投资日丁公司可辨认净资产公允价值为 8 000 万元，除某项无形资产的公允价值大于账面价值 900 万元外，其他各项可辨认资产、负债的公允价值与账面价值相同。上述无形资产自取得投资起按 5 年、直线法摊销，预计净残值为零。2×16 年 12 月 30 日，按甲公司取得丁公司投资日确定的丁公司各项可辨认资产、负债的公允价值持续计算的丁公司净资产为 12 500 万元，其中：实现净利润 4 800 万元，其他债权投资公允价值减少 300 万元；按原投资日丁公司各项资产、负债账面价值持续计算的丁公司净资产为 12 320 万元，其中：实现净利润 5 520 万元，其他债权投资公允价值减少 300 万元。

其他相关资料：甲公司实现净利润按 10% 提取法定盈余公积后不再分配；本题不考虑税费及其他因素。

要求：

（1）根据资料一：① 说明甲公司出售乙公司股权后对乙公司的投资应当采用的后续计量方法，并说明理由；② 计算甲公司出售乙公司股权在其个别财务报表中应确认的投资收益，并编制相关会计分录；③ 计算甲公司出售乙公司股权在其合并财务报表中应确认的投资收益，并编制相关的调整分录；④ 编制甲公司因持有乙公司股权比例下降对其长期股权投资账面价值调整相关的会计分录。

（2）根据资料二：① 计算甲公司出售丙公司股权在其个别财务报表中应确认的投资收益；② 说明甲公司出售丙公司股权在合并财务报表中的处理原则；③ 计算甲公司出售丙公司股权在合并资产负债表中应计入相关项目（指出项目名称）的金额。

（3）根据资料三：① 计算甲公司对丁公司投资于出售日前的账面价值；② 计算甲公司出售丁公司股权在其个别财务报表中应确认的投资收益；③ 编制甲公司出售丁公司股权相关的会计分录。

（答案中的金额单位用万元表示）

＜解析＞

（1）根据资料一：

① 甲公司出售乙公司股权后对乙公司的投资采用权益法进行后续计量。因为甲公司出售乙公司股权后在乙公司董事会中派出 1 名代表，对乙公司财务和经营决策具有重大影响。

② 甲公司出售乙公司股权在其个别财务报表中应确认的投资收益 = 10 000 － （11 000×60%）= 3 400（万元）。相关会计分录如下：

借：银行存款   10 000

    贷：长期股权投资——乙公司   6 600

        投资收益   3 400

③ 甲公司出售乙公司股权在其合并财务报表中应确认的投资收益 =（10 000 + 6 500）－［（15 000 + 2 400 － 4 000÷16）× 70% +（11 000 － 15 000×70%）］+ 400 × 70% = 4 275（万元）

扫码观看
视频解析

借：长期股权投资——乙公司 6 500

　　贷：长期股权投资——乙公司

　　　　　　5 002[11 000×40%+(2 400-4 000÷16)×28%]

　　　　投资收益 1 498

借：投资收益 903

　　贷：未分配利润 661.5[(2 000-4 000÷16)×70%×60%×90%]

　　　　盈余公积 73.5[(2 000-4 000÷16)×70%×60%×10%]

　　　　其他综合收益 168[400×70%×60%]

借：其他综合收益 280[400×70%]

　　贷：投资收益 280

④甲公司因持有乙公司股权比例下降对其长期股权投资账面价值调整相关的会计分录：

借：长期股权投资——乙公司 602

　　贷：利润分配——未分配利润441[(2 000-4 000÷16)×70%×40%×90%]

　　　　盈余公积 49[(2 000-4 000÷16)×70%×40%×10%]

　　　　其他综合收益 112

(2)根据资料二：

①甲公司出售丙公司股权在其个别财务报表中应确认的投资收益=3 500-30 000×10%=500(万元)

②甲公司出售丙公司股权并未丧失控制权情况下，在合并财务报表中的处理原则为：处置价款与处置长期股权投资相对应享有丙公司净资产的差额计入所有者权益("资本公积——资本溢价"或"资本公积——股本溢价"项目)，资本公积不足冲减的，调整留存收益。

③甲公司出售丙公司股权在合并资产负债表中应计入所有者权益(资本公积)的金额=3 500-(30 000+4 500)×10%=50(万元)

(3)根据资料三：

①甲公司对丁公司投资于出售日前的账面价值=2 000+(4 800-300)×24%=3 080(万元)

②甲公司出售丁公司股权应确认的投资收益=1 900×2-3 080-72=648(万元)

③甲公司出售丁公司股权相关的会计分录：

借：银行存款 1 900

　　贷：长期股权投资——丁公司 1 540(3 080×50%)

	投资收益		360

借：投资收益　　　　　　　　　　　　72（300×24%）

　　贷：其他综合收益　　　　　　　　　　　　　72

假设剩余股权转为其他权益工具投资/交易性金融资产：

借：其他权益工具投资/交易性金融资产　　　　1 900

　　贷：长期股权投资——丁公司　　　　　　　1 540

　　　　投资收益　　　　　　　　　　　　　　360

经典试题 5 · 综合题

甲公司 2×14 年有关交易或事项如下：

资料一

2×14 年甲公司和其控股股东 P 公司以及无关联第三方丙公司签订协议，分别从 P 公司处购买其持有乙公司 60% 的股权，以发行 1 800 万股股票作为对价，发行价 4 元每股；从丙公司处购买少数股权 40%，以银行存款支付 5 000 万元，7 月 1 日办理完毕交接手续，改选董事会成员。当日乙公司所有者权益账面价值 8 000 万元，其中：股本 2 000 万元，资本公积 3 200 万元，盈余公积 1 600 万元，未分配利润 1 200 万元。

资料二

2×14 年 1 月 1 日，甲公司账上应收乙公司账款 560 万元，已计提坏账准备 34 万元，乙公司存货中有 360 万元是自甲公司（上年）购入拟出售的，但尚未出售，甲公司出售时账面价值 220 万元，截至 2×14 年 7 月 1 日上述存货已经全部对外销售。甲公司个别财务报表中计提的坏账准备无变化。

资料三

2×14 年 7 月 8 日，甲公司将其自用的无形资产以 500 万元出售给乙公司，无形资产原价 200 万元，已计提摊销 40 万元，尚可使用年限 5 年，乙公司购入后作为管理用无形资产，款项未付。

资料四

2×14 年 12 月 31 日，甲公司应收乙公司的两次账款均未收回，甲公司再一次计提坏账准备 59 万元（累计共计提 93 万元），乙公司年初账上的存货已全部对外出售。

资料五

乙公司下半年实现净利润 800 万元，其他综合收益增加 120 万元，所有者权益项目：股本 2 000 万元，资本公积 3 200 万元，其他综合收益 120 万元，盈余公积

1 680 万元，未分配利润 1 920 万元。

要求：

（1）说明甲公司合并乙公司属于什么类型的合并，并说明理由。

（2）计算甲公司应确认的长期股权投资的初始投资成本，并且编制相关账务处理。

（3）编制甲公司 2×14 年度合并财务报表中有关的调整抵销分录。

（答案中的金额单位用万元表示）

<解析>

（1）甲公司合并子公司属于同一控制下企业合并。甲公司购买乙公司股份前，其控股股东 P 公司持有乙公司 60% 股权，能够对乙公司达到控制，因此，甲公司购买乙公司属于同一控制下企业合并。

知识点
同一控制性企业合并、购买少数股东权益

（2）初始投资成本 = 8 000×60%+5 000 = 9 800（万元）

借：长期股权投资 9 800
　　贷：股本 1 800
　　　　银行存款 5 000
　　　　资本公积 3 000

（3）合并日合并财务报表处理如下。

① 内部交易抵销：

借：应付账款 560
　　贷：应收账款 560

借：应收账款（坏账准备） 34
　　贷：年初未分配利润 34

借：年初未分配利润 140
　　贷：营业成本 140

② 长期股权投资调整：

借：资本公积 1 800
　　贷：长期股权投资 1 800（5 000−8 000×40%）

③ 子公司所有者权益与母公司长期股权投资抵销：

借：股本 2 000
　　资本公积 3 200

扫码观看
视频解析

盈余公积	1 600
未分配利润	1 200
贷：长期股权投资	8 000

④恢复合并日前留存收益：

借：资本公积	1 680	
贷：盈余公积	960	（1 600×60%）
未分配利润	720	（1 200×60%）

资产负债表日合并财务报表处理如下。

①长期股权投资调整：

借：资本公积	1 800
贷：长期股权投资	1 800

②成本法调整为权益法：

借：长期股权投资	920
贷：投资收益	800
其他综合收益	120

③内部交易：

借：应付账款	560
贷：应收账款	560

借：应收账款（坏账准备）	34
贷：年初未分配利润	34

借：年初未分配利润	140
贷：营业成本	140

借：资产处置收益	340
贷：无形资产	340

借：无形资产（累计摊销）	34（340÷5×6/12）
贷：管理费用	34

借：应付账款	500
贷：应收账款	500

借：应收账款（坏账准备）	59
贷：信用减值损失	59

④ 子公司所有者权益与母公司长期股权投资抵销：

借：股本　　　　　　　　　　　　　　　　　　2 000

　　资本公积　　　　　　　　　　　　　　　　3 200

　　其他综合收益　　　　　　　　　　　　　　　120

　　盈余公积　　　　　　　　　　　　　　　　1 680

　　年末未分配利润　　　　　　　　　　　　　1 920

　　贷：长期股权投资　　　　　　　　　　　　　　　8 920

⑤ 恢复合并日前留存收益：

借：资本公积　　　　　　　　　　　　　　　　1 680

　　贷：盈余公积　　　　　　　　　　　960（1 600×60%）

　　　　未分配利润　　　　　　　　　720（1 200×60%）

⑥ 内部投资收益予以抵销：

借：投资收益　　　　　　　　　　　　　　　　　800

　　年初未分配利润　　　　　　　　　　　　　1 200

　　贷：提取盈余公积　　　　　　　　　　　　　　　　80

　　　　年末未分配利润　　　　　　　　　　　　　1 920

经典试题 6·综合题

甲公司对乙公司股权投资的相关资料如下：

资料一

甲公司原持有乙公司 30% 的股权。1 月 1 日，甲公司进一步取得乙公司 50% 的股权，支付银行存款 13 000 万元，原投资账面价值为 5 400 万元，投资成本明细 4 500 万元，损益调整 840 万元，其他权益变动 60 万元，原投资在购买日的公允价值为 6 200 万元。

资料二

购买日，乙公司的所有者权益的账面价值为 18 000 万元，股本 10 000 万元，资本公积为 100 万元，盈余公积为 1 620 万元，未分配利润金额为 6 280 万元，公允价值为 20 000 万元，该差异是由一项无形资产评估增值引起的，使用年限为 10 年，净残值为零，采用直线法摊销。

资料三

乙公司在当年实现净利润为 500 万元，由于其他债权投资公允价值上升产生其他综合收益60万元。

资料四

在下一年初出售持有乙公司股权70%，出售价款为20 000万元，剩下10%股权的公允价值为2 500万元。对乙公司不具有控制、共同控制和重大影响。

提取10%的法定盈余公积，不提取任意盈余公积。不考虑相关税费。

要求：

（1）确认个别财务报表的投资成本，并编制取得该投资的相关分录。

（2）确定合并财务报表中的合并成本并计算合并财务报表中商誉的金额。

（3）计算合并财务报表进一步取得50%投资确认的投资收益并作出相关的会计处理。

（4）编制资产负债表日的合并财务报表调整和抵销分录。

（5）个别财务报表中处置70%的投资确认的投资收益。

（6）确认合并财务报表中处置70%的投资确认的收益。

（答案中的金额单位用万元表示）

<解析>

（1）个别财务报表中的投资成本=5 400+13 000=18 400（万元）

借：长期股权投资　　　　　　　　　　　　　　　　　13 000

　　　贷：银行存款　　　　　　　　　　　　　　　　　13 000

（2）合并财务报表中的合并成本=6 200+13 000=19 200（万元），商誉=19 200-20 000×80%=3 200（万元）。

（3）合并财务报表中确认的投资收益=（6 200-5 400）+60=860（万元）

借：长期股权投资　　　　　　　　　　　　　　　　　800

　　　贷：投资收益　　　　　　　　　　　　　　　　　800

借：资本公积　　　　　　　　　　　　　　　　　　　60

　　　贷：投资收益　　　　　　　　　　　　　　　　　60

（4）资产负债表日的合并财务报表调整和抵销分录如下。

①账面价值调整为公允价值：

借：无形资产　　　　　　　　　　　　　　　　　　　2 000

　　　贷：资本公积　　　　　　　　　　　　　　　　　2 000

借：管理费用　　　　　　　　　　　　　　　　　　　200

　　　贷：无形资产（累计摊销）　　　　　　　　　　200（2 000÷10）

借：长期股权投资 800
　　贷：投资收益 800
借：资本公积——其他资本公积 60
　　贷：投资收益 60

② 成本法调整为权益法：

调整后的净利润＝500－2 000÷10＝300（万元）

借：长期股权投资 240
　　贷：投资收益 240（300×80%）
借：长期股权投资 48（60×80%）
　　贷：其他综合收益 48

③ 子公司股东权益与母公司长期股权投资抵销：

借：股本 10 000
　　资本公积 2 100（100+2 000）
　　其他综合收益 60
　　盈余公积 1 670
　　未分配利润 6 530
　　商誉 3 200
　　贷：长期股权投资 19 488（18 400+800+240+48）
　　　　少数股东权益 4 072

④ 内部投资收益抵销：

借：投资收益 240
　　少数股东损益 60
　　年初未分配利润 6 280
　　贷：提取盈余公积 50
　　　　年末未分配利润 6 530

（5）个别财务报表中确认的投资收益＝（20 000－18 400×70%÷80%）＋（2 500－18 400×10%÷80%）＋60＝4 160（万元），将原30%的投资确认的资本公积60万元结转到投资收益。

（6）合并财务报表中确认的投资收益＝（20 000+2 500）－[（20 000+300+60）×80%＋3 200]＋48＝3 060（万元）

▶▶ 模拟训练

模拟题 1 · 计算分析题

甲公司为增值税一般纳税人，适用的增值税税率为13%，提取10%的法定盈余公积，不提取任意盈余公积。不考虑其他因素，其2×18年至2×19年有关投资业务如下：

资料一

2×18年1月1日，甲公司以180万元（含已宣告但尚未领取的现金股利20万元）购入乙上市公司5%的股权，乙公司当日可辨认净资产公允价值为3 000万元（假定乙公司可辨认资产、负债的公允价值与其账面价值相等）。甲公司对乙公司不具有控制、共同控制或重大影响。甲公司将购入的乙公司股权归类为其他权益工具投资。

资料二

2×18年5月10日，甲公司收到乙公司支付的现金股利20万元。

资料三

2×18年，乙公司实现净利润360万元。2×18年年末，甲公司持有的乙公司股权公允价值为240万元。

资料四

基于对乙公司长远发展前景的信心，甲公司拟继续增持乙公司股份。2×19年1月1日，甲公司又从乙公司的另一投资者处取得乙公司25%的股份，支付方式为银行存款500万元和一批商品（公允价值600万元，账面价值500万元）。此次购买完成后，持股比例达到30%，对乙公司产生重大影响。甲公司于2×18年购入的乙公司股权在当天的公允价值为246万元。2×19年1月1日乙公司可辨认净资产公允价值为5 000万元，除下表所列项目外，乙公司其他资产、负债的公允价值与账面价值相同。

账面原价及公允价值　　　　　单位：万元

项目	账面原价	已提折旧或摊销	公允价值	乙公司预计使用年限	甲公司取得投资后剩余使用年限
存货	75	—	105	—	—
固定资产	180	36	240	20	16
无形资产	105	21	120	10	8
合计	360	57	465	—	—

资料五

2×19 年乙公司实现净利润 600 万元。乙公司上述的存货 2×19 年对外出售 80%。2×19 年，甲公司将其账面价值为 100 万元的商品以 162 万元的价格出售给乙公司，截至 2×19 年资产负债表日，该批商品的 1/4 尚未对外部第三方出售。

资料六

2×19 年年末，乙公司因持有的其他权益工具投资公允价值变动增加 80 万元计入了所有者权益。

资料七

2×19 年，乙公司接受控股股东捐赠 200 万元，除上述业务外，乙公司当年并无其他所有者权益变动事项。

要求：

（1）编制甲公司 2×18 年个别财务报表的会计分录。

（2）编制甲公司 2×19 年个别财务报表的会计分录。

（答案中的金额单位用万元表示）

＜解析＞

（1）2×18 年 1 月 1 日：

借：其他权益工具投资——成本　　　　　　　　　　160

　　应收股利　　　　　　　　　　　　　　　　　　20

　　贷：银行存款　　　　　　　　　　　　　　　　　　180

2×18 年 5 月 10 日：

借：银行存款　　　　　　　　　　　　　　　　　　20

　　贷：应收股利　　　　　　　　　　　　　　　　　　20

2×18 年 12 月 31 日：

借：其他权益工具投资——公允价值变动　　　　　　80

　　贷：其他综合收益　　　　　　　　　　　　　　　　80

2×19 年 1 月 1 日持股比例追加 25% 达到 30%，使得以公允价值计量的金融资产调整为权益法下核算的长期股权投资。

① 借：长期股权投资——投资成本　　　　　1 424

　　贷：银行存款　　　　　　　　　　500　　　　　新股权支

　　　　主营业务收入　　　　　　　　600　　　　　付对价的

　　　　应交税费——应交增值税（销项税额）　78（600×13%）　公允价值

> 知识点
> 其他权益工具投资转长期股权投资权益法

扫码观看
视频解析

      其他权益工具投资——成本   160 ⎫ 老股权的

             ——公允价值变动   80 ⎬ 账面价值 老股权的

      盈余公积   0.6 ⎫ 公允价值

      利润分配——未分配利润   5.4 ⎭

  ② 借：主营业务成本   500

      贷：库存商品   500

  ③ 借：其他综合收益   80

      贷：盈余公积   8

          利润分配——未分配利润   72

  ④ 借：长期股权投资——投资成本   76（5 000×30%－1 424）

      贷：营业外收入   76

（2）2×19 年 12 月 31 日：

存货账面价值与公允价值的差额应调减的利润＝（105－75）×80%＝24（万元）

固定资产公允价值与账面价值差额应调整增加的折旧额＝240÷16－（180－36）÷16＝6（万元）

无形资产公允价值与账面价值差额应调整增加的摊销额＝120÷8－（105－21）÷8＝4.5（万元）

  ① 确认损益调整：

调整净利润＝600－24－6－4.5－62×1/4＝550（万元）

  借：长期股权投资——损益调整   165（550×30%）

      贷：投资收益   165

  ② 确认其他综合收益：

  借：长期股权投资——其他综合收益   24（80×30%）

      贷：其他综合收益   24

  ③ 确认其他权益变动：

  借：长期股权投资——其他权益变动   60（200×30%）

      贷：资本公积——其他资本公积   60

模拟题 2 · 综合题

2×17 年 1 月 1 日，甲公司以 5 000 万元购入乙公司 60% 股权，当日乙公司可辨认净资产公允价值为 8 000 万元，账面价值为 7 550 万元，乙公司主要报表数据项目如下表所示。

乙公司主要报表数据　　　　　　　　　　　　单位：万元

项目	账面价值	公允价值
存货 A	300	350
固定资产	800	1 200
股本	4 000	—
资本公积	2 000	—
盈余公积	550	—
未分配利润	1 000	—

上述固定资产当日剩余寿命为 10 年，合并双方均对此主张采用年限平均法计提折旧，无残值。上述存货 A 在当年出售 40%，剩余部分在第二年（2×18 年）出售完毕。

2×17 年，乙公司全年实现净利润 3 000 万元，乙公司当年提取盈余公积 200 万元、向股东分配现金股利 1 000 万元。2×17 年 3 月，乙公司向甲公司出售存货 B 一批，成本 400 万元，售价 520 万元，甲公司买入存货 B 后当年向第三方出售了 1/3，剩余部分在第二年（2×18 年）对外出售完毕。甲公司当年净利润为 12 000 万元。

2×18 年，乙公司全年实现净利润 4 000 万元，乙公司当年提取盈余公积 300 万元、向股东分配现金股利 1 200 万元。2×18 年 7 月 1 日乙公司向甲公司出售专利一项，账面价值 500 万元，售价 550 万元，该专利无残值，寿命 5 年，采用直线法摊销。甲公司当年净利润为 15 000 万元。

其他相关资料：甲、乙两公司在合并前属于同一个集团，甲公司"资本公积——股本溢价"余额充足，不考虑所得税等相关税费。

要求：

（1）编制 2×17 年 1 月 1 日个别财务报表会计分录及合并财务报表相关调整分录和抵销分录。

（2）编制 2×17 年年末合并财务报表中的相关调整分录和抵销分录。

（3）编制 2×18 年年末合并财务报表中的相关调整分录和抵销分录。

（答案中的金额单位用万元表示）

知识点

同一控制下企业合并（2 年）

扫码观看
视频解析

<解析>

（1）2×17 年 1 月 1 日：

① 个别财务报表：

借：长期股权投资   4 530（7 550×60%）

    资本公积——股本溢价   470

    贷：银行存款   5 000

② 合并财务报表：

借：股本   4 000

    资本公积   2 000

    盈余公积   550

    未分配利润   1 000

    贷：长期股权投资   4 530（7 550×60%）

       少数股东权益   3 020（7 550×40%）

借：资本公积   930

    贷：盈余公积   330（550×60%）

       未分配利润   600（1 000×60%）

（2）2×17 年 12 月 31 日合并财务报表。

① 成本法调整为权益法：

借：长期股权投资   1 800（3 000×60%）

    贷：投资收益   1 800

借：投资收益   600（1 000×60%）

    贷：长期股权投资   600

② 内部存货逆流交易抵销：

借：营业收入   520

    贷：营业成本   440

       存货   80［（520−400）×2/3］

借：少数股东权益   32（80×40%）

    贷：少数股东损益   32

③ 抵销子公司股东权益与母公司长期股权投资：

借：股本   4 000

    资本公积   2 000

    盈余公积   750（550+200）

年末未分配利润　　　　　　　　　　2 800（1 000+3 000-1 000-200）

　　贷：长期股权投资　　　　　　　　　　　　5 730（4 530+1 800-600）

　　　　少数股东权益　　　　　　　3 820［（4 000+2 000+750+2 800）×40%］

④ 恢复子公司留存收益：

借：资本公积　　　　　　　　　　　　　　　　　930

　　贷：盈余公积　　　　　　　　　　　　　　330（550×60%）

　　　　未分配利润　　　　　　　　　　　　600（1 000×60%）

⑤ 抵销内部投资收益：

借：投资收益　　　　　　　　　　　　1 800（3 000×60%）

　　少数股东损益　　　　　　　　　　1 200（3 000×40%）

　　年初未分配利润　　　　　　　　　　　1 000

　　贷：提取盈余公积　　　　　　　　　　　　　200

　　　　对股东的分配　　　　　　　　　　　　1 000

　　　　年末未分配利润　　　　　　　　　　　2 800

（3）2×18 年 12 月 31 日合并财务报表。

① 成本法调整为权益法：

借：长期股权投资　　　　　　　　　　1 800（3 000×60%）

　　贷：年初未分配利润　　　　　　　　　　　1 800

借：年初未分配利润　　　　　　　　　　600（1 000×60%）

　　贷：长期股权投资　　　　　　　　　　　　　600

借：长期股权投资　　　　　　　　　　2 400（4 000×60%）

　　贷：投资收益　　　　　　　　　　　　　　2 400

借：投资收益　　　　　　　　　　　　720（1 200×60%）

　　贷：长期股权投资　　　　　　　　　　　　　720

② 内部交易抵销：

内部存货逆流交易抵销：

借：年初未分配利润　　　　　　　　　　　　　　80

　　贷：营业成本　　　　　　　　　　　　　　　80

借：少数股东权益　　　　　　　　　　　32（80×40%）

　　贷：年初未分配利润　　　　　　　　　　　　32

借：少数股东损益　　　　　　　　　　　　　　　32

　　贷：少数股东权益　　　　　　　　　　　　　32

内部无形资产逆流交易抵销：

借：资产处置收益　　　　　　　　　　　　　　　　　　50

　　贷：无形资产　　　　　　　　　　　　　　　　　　　50

借：无形资产　　　　　　　　　　　5〔（550-500）÷5×6/12〕

　　贷：管理费用　　　　　　　　　　　　　　　　　　　5

借：少数股东权益　　　　　　　　　　18〔（50-5）×40%〕

　　贷：少数股东损益　　　　　　　　　　　　　　　　　18

③抵销子公司股东权益与母公司长期股权投资：

借：股本　　　　　　　　　　　　　　　　　　　　4 000

　　资本公积　　　　　　　　　　　　　　　　　　2 000

　　盈余公积　　　　　　　　　1 050（550+200+300）

　　未分配利润　　5 300（1 000+3 000-1 000-200+4 000-1 200-300）

　　贷：长期股权投资　　　7 410（4 530+1 800-600+2 400-720）

　　　　少数股东权益　4 940〔（4 000+2 000+1 050+5 300）×40%〕

④恢复子公司留存收益：

借：资本公积　　　　　　　　　　　　　　　　　　　930

　　贷：盈余公积　　　　　　　　　　　330（550×60%）

　　　　未分配利润　　　　　　　　　600（1 000×60%）

⑤抵销内部投资收益：

借：投资收益　　　　　　　　　　　2 400（4 000×60%）

　　少数股东损益　　　　　　　　　1 600（4 000×40%）

　　年初未分配利润　　　　　　　　　　　　　　　2 800

　　贷：提取盈余公积　　　　　　　　　　　　　　　300

　　　　对股东的分配　　　　　　　　　　　　　　1 200

　　　　年末未分配利润　　　　　　　　　　　　　5 300

模拟题 3·综合题

甲股份有限公司（以下简称甲公司）为我国境内的上市公司，甲公司经股东大会批准，其有关股权交易或事项如下：

资料一

2×17 年 1 月 1 日，甲公司以 5 000 万元从华东公司购入非关联方乙公司 60% 股权，协议约定，华东公司承诺本次交易完成后的 2×17 年和 2×18 年两个会计年度乙公司实现的净利润分别不低于 3 200 万元和 3 800 万元。乙公司实现的净利润低于上述承诺利润的，华东公司将按照出售股权比例，以现金对甲公司进行补偿。各年度利润补偿单独计算，且已经支付的补偿不予退还。

2×17 年 1 月 1 日，甲公司认为乙公司在 2×17 年和 2×18 年基本能够实现承诺利润，发生业绩补偿的可能性较小。

资料二

2×17 年 1 月 1 日，乙公司可辨认净资产公允价值为 8 000 万元，账面价值为 7 550 万元，乙公司主要报表数据项目见下表：

乙公司主要报表数据

单位：万元

项目	账面价值	公允价值
存货 A	300	350
固定资产	800	1 200
股本	4 000	—
资本公积	2 000	—
盈余公积	550	—
未分配利润	1 000	—

上述固定资产当日剩余寿命为 10 年，合并双方均对此主张采用年限平均法计提折旧，无残值。上述存货 A 在当年出售 40%，剩余部分在第二年（2×18 年）出售完毕。

资料三

乙公司 2×17 年全年实现净利润 3 000 万元，较原承诺利润少 200 万元。2×17 年末，根据乙公司利润实现情况及市场预期，甲公司估计乙公司未实现承诺利润是暂时性的，2×18 年能够完成承诺利润；经测试该时点商誉未发生减值，乙公司当年提取盈余公积 200 万元、向股东分配现金股利 1 000 万元。2×17 年 3 月，乙公司向甲公司出售存货 B 一批，成本 400 万元，售价 520 万元，甲公司买入存货 B 后当年向第三方出售了 1/3，剩余部分在第二年（2×18 年）对外出售完毕。甲公司当年净利润为 12 000 万元。

资料四

2×18 年 2 月 10 日，甲公司收到华东公司 2×17 年业绩补偿款 120 万元。

资料五

乙公司 2×18 年全年实现净利润 4 000 万元，乙公司当年提取盈余公积 300 万元、向股东分配现金股利 1 200 万元。2×18 年 7 月 1 日乙公司向甲公司出售专利一项，账面价值 500 万元，售价 550 万元，该专利无残值，寿命 5 年，采用直线法摊销。甲公司当年净利润为 15 000 万元。

资料六

甲公司于 2×19 年 1 月 1 日以 2 000 万元再次追加投资购入乙公司 10% 股权。

其他相关资料：假设甲公司和乙公司所得税税率均为 25%。

要求：

（1）编制 2×17 年 1 月 1 日个别财务报表会计分录及合并财务报表相关调整分录和抵销分录。

（2）编制 2×17 年年末合并财务报表中的相关调整分录和抵销分录。

（3）乙公司 2×17 未实现承诺利润，说明甲公司应进行的会计处理及理由，并编制相关会计分录。

（4）编制 2×18 年年末合并财务报表中的相关调整分录和抵销分录。

（5）根据资料六，计算确定甲公司在其个别财务报表中对乙公司长期股权投资的账面价值并编制相关会计分录；计算确定该项交易发生时乙公司应并入甲公司合并财务报表的可辨认净资产价值及该交易对甲公司合并资产负债表中所有者权益项目的影响金额。

（不要求编制与合并现金流量表相关的抵销分录，答案中的金额单位用万元表示）

<**解析**>

（1）2×17 年 1 月 1 日：

① 个别财务报表：

借：长期股权投资		5 000
贷：银行存款		5 000

② 合并财务报表：

借：存货		50
固定资产		400
贷：资本公积	337.5（450×75%）	
递延所得税负债	112.5（450×25%）	
借：股本		4 000
资本公积	2 337.5（2 000+337.5）	
盈余公积		550
未分配利润		1 000
商誉	267.5［5 000−（4 000+2 000+337.5+550+1 000）×60%］	

　　贷：长期股权投资　　　　　　　　　　　　　　　　　　　5 000

　　　　少数股东权益　　　　3 155〔（4 000+2 000+337.5+550+1 000）×40%〕

（2）2×17 年 12 月 31 日合并财务报表。

① 成本法转为权益法：

2×17 年乙公司调整后的净利润=〔3 000-（350-300）×40%×（1-25%）-（1 200-800）÷10×（1-25%）〕=2 955（万元）

2×17 年乙公司调整后的年末未分配利润=1 000+2 955-200-1 000=2 755（万元）

　　借：长期股权投资　　　　　　　　　1 773（2 955×60%）

　　　　贷：投资收益　　　　　　　　　　　　　　　　　　1 773

　　借：投资收益　　　　　　　　　　　600（1 000×60%）

　　　　贷：长期股权投资　　　　　　　　　　　　　　　　　600

② 账面价值调为公允价值：

　　借：存货　　　　　　　　　　　　　　　　　　　　　　50

　　　　固定资产　　　　　　　　　　　　　　　　　　　　400

　　　　贷：资本公积　　　　　　　　337.5（450×75%）

　　　　　　递延所得税负债　　　　　112.5（450×25%）

　　借：营业成本　　　　　　　　　　20（50×40%）

　　　　贷：存货　　　　　　　　　　　　　　　　　　　　　20

　　借：递延所得税负债　　　　　　　5（20×25%）

　　　　贷：所得税费用　　　　　　　　　　　　　　　　　　5

　　借：管理费用　　　　　　　　　　40（400÷10）

　　　　贷：固定资产（累计折旧）　　　　　　　　　　　　　40

　　借：递延所得税负债　　　　　　　10（40×25%）

　　　　贷：所得税费用　　　　　　　　　　　　　　　　　　10

③ 内部存货逆流交易抵销：

　　借：营业收入　　　　　　　　　　　　　　　　　　　　520

　　　　贷：营业成本　　　　　　　　　　　　　　　　　　440

　　　　　　存货　　　　　　　　　　　　　　　　　　　　　80

　　借：递延所得税资产　　　　　　　20（80×25%）

　　　　贷：所得税费用　　　　　　　　　　　　　　　　　　20

　　借：少数股东权益　　　　　　　24〔80×（1-25%）×40%〕

　　　　贷：少数股东损益　　　　　　　　　　　　　　　　　24

④ 投资和权益的抵销：

借：股本   4 000

    资本公积   2 337.5（2 000+337.5）

    盈余公积   750（550+200）

    年末未分配利润   2 755

    商誉   267.5

    贷：长期股权投资   6 173（5 000+1 773−600）

        少数股东权益   3 937（4 000+2 337.5+750+2 755）×40%

⑤ 内部投资收益抵销：

借：投资收益   1 773（2 955×60%）

    少数股东损益   1 182（2 955×40%）

    年初未分配利润   1 000

    贷：提取盈余公积   200

        对股东的分配   1 000

        年末未分配利润   2 755

（3）甲公司应将预期可能取得的补偿款计入预期获得 2×17 年度损益。

该部分金额是企业合并交易中的或有对价，因不属于购买日 12 个月内可以对企业合并成本进行调整的因素，应当计入预期取得当期损益。

① 2×17 年年末补偿金额确定时：

借：交易性金融资产   120

    贷：投资收益   120

② 2×18 年 2 月 10 日收到补偿款时：

借：银行存款   120

    贷：交易性金融资产   120

（4）2×18 年 12 月 31 日合并财务报表。

① 成本法转为权益法：

2×18 年乙公司调整后的净利润=4 000−（350−300）×60%×（1−25%）−（1 200−800）÷10×（1−25%）=3 947.5（万元）

2×18 年乙公司调整后的年末未分配利润=2 755+3 947.5−300−1 200=5 202.5（万元）

借：长期股权投资   1 773（2 955×60%）

    贷：年初未分配利润   1 773

借：年初未分配利润   600（1 000×60%）

    贷：长期股权投资   600

借：长期股权投资   2 368.5（3 947.5×60%）

    贷：投资收益   2 368.5

借：投资收益   720（1 200×60%）

    贷：长期股权投资   720

② 账面价值调为公允价值：

借：存货   50

    固定资产   400

    贷：资本公积   337.5（450×75%）

        递延所得税负债   112.5（450×25%）

借：年初未分配利润   20（50×40%）

    贷：存货   20

借：递延所得税负债   5（20×25%）

    贷：年初未分配利润   5

借：营业成本   30（50×60%）

    贷：存货   30

借：递延所得税负债   7.5（30×25%）

    贷：所得税费用   7.5

借：年初未分配利润   40（400÷10）

    贷：固定资产（累计折旧）   40

借：递延所得税负债   10（40×25%）

    贷：年初未分配利润   10

借：管理费用   40（400÷10）

    贷：固定资产（累计折旧）   40

借：递延所得税负债   10（40×25%）

    贷：所得税费用   10

③ 内部交易抵销如下。

内部存货逆流交易抵销：

借：年初未分配利润   80

    贷：营业成本   80

借：递延所得税资产　　　　　　　　　　　　　　　　20（80×25%）

　　贷：年初未分配利润　　　　　　　　　　　　　　　　　　　　　20

借：所得税费用　　　　　　　　　　　　　　　　　　20

　　贷：递延所得税资产　　　　　　　　　　　　　　　　　　　　　20

借：少数股东权益　　　　　　　　　　　　　24[80×(1-25%)×40%]

　　贷：年初未分配利润　　　　　　　　　　　　　　　　　　　　　24

借：少数股东损益　　　　　　　　　　　　　　　　　　24

　　贷：少数股东权益　　　　　　　　　　　　　　　　　　　　　　24

内部无形资产逆流交易抵销：

借：资产处置收益　　　　　　　　　　　　　　　　　　50

　　贷：无形资产　　　　　　　　　　　　　　　　　　　　　　　　50

借：无形资产　　　　　　　　　　　　5[(550-500)÷5×6/12]

　　贷：管理费用　　　　　　　　　　　　　　　　　　　　　　　　　5

借：递延所得税资产　　　　　　　　　　　11.25[(50-5)×25%]

　　贷：所得税费用　　　　　　　　　　　　　　　　　　　　　11.25

借：少数股东权益　　　　　　　　13.5[(50-5)×(1-25%)×40%]

　　贷：少数股东损益　　　　　　　　　　　　　　　　　　　　　13.5

④投资和权益的抵销：

借：股本　　　　　　　　　　　　　　　　　　　　4 000

　　资本公积　　　　　　　　　　　　　2 337.5（2 000+337.5）

　　盈余公积　　　　　　　　　　　1 050（550+200+300）

　　未分配利润　　　　　　　　　　　　　　　　　5 202.5

　　商誉　　　　　　　　　　　　　　　　　　　　267.5

　　贷：长期股权投资　　　7 821.5（5 000+1 773-600+2 368.5-720）

　　　　少数股东权益　　5 036[(4 000+2 337.5+1 050+5 202.5)×40%]

⑤内部投资收益抵销：

借：投资收益　　　　　　　　　　　　2 368.5（3 947.5×60%）

　　少数股东损益　　　　　　　　　　　1 579（3 947.5×40%）

　　年初未分配利润　　　　　　　　　　　　　　　2 755

　　贷：提取盈余公积　　　　　　　　　　　　　　　　　　　　　300

　　　　对股东的分配　　　　　　　　　　　　　　　　　　　　1 200

　　　　年末未分配利润　　　　　　　　　　　　　　　　　　5 202.5

（5）2×19 年 1 月 1 日：

① 个别财务报表：

借：长期股权投资   2 000

      贷：银行存款   2 000

② 合并财务报表：

乙公司应并入甲公司合并财务报表的可辨认净资产价值 = 4 000 + 2 337.5 + 1 050 + 5 202.5 = 12 590（万元）

合并财务报表调减资本公积金额 = 2 000 - 12 590 × 10% = 741（万元）

控制权不变，商誉的金额不变，商誉为 267.5 万元。

模拟题 4·综合题

甲公司、乙公司 2×11 年有关交易或事项如下：

资料一

1 月 1 日，甲公司为取得丙公司持有的乙公司 70% 股权，实现对乙公司财务和经营政策的控制，甲公司向乙公司控股股东丙公司定向增发本公司普通股股票 1 120 万股（每股面值为 1 元，市价为 15 元），股权登记手续于当日办理完毕，交易后丙公司拥有甲公司发行在外普通股的 3%。甲公司为定向增发普通股股票，支付券商佣金及手续费 240 万元；为核实乙公司资产价值，支付资产评估费 16 万元；相关款项已通过银行支付。

当日，乙公司净资产账面价值为 19 200 万元，其中：股本 4 800 万元、资本公积 4 000 万元、盈余公积 1 200 万元、未分配利润 9 200 万元；乙公司可辨认净资产的公允价值为 21 600 万元。乙公司可辨认净资产账面价值与公允价值的差额系由以下两项资产所致：① 一批库存商品，成本为 6 400 万元，未计提存货跌价准备，公允价值为 6 880 万元；② 一栋办公楼，成本为 16 000 万元，累计折旧 4 800 万元，未计提减值准备，公允价值为 13 120 万元。上述库存商品于 2×11 年 12 月 31 日前全部实现对外销售；上述办公楼预计自 2×11 年 1 月 1 日起剩余使用年限为 10 年，预计净残值为零，采用年限平均法计提折旧。

资料二

2 月 5 日，甲公司向乙公司销售产品一批，销售价格为 2 000 万元（不含增值税额，下同），产品成本为 1 400 万元。至年末，乙公司已对外销售 70%，另 30% 形成存货，未发生跌价损失。

资料三

6月15日，甲公司以1 600万元的价格将其生产的产品销售给乙公司，销售成本为1 360万元，款项已于当日收存银行。乙公司取得该产品后作为管理用固定资产并于当月投入使用，采用年限平均法计提折旧，预计使用5年，预计净残值为零。至当年末，该项固定资产未发生减值。

资料四

10月2日，甲公司以一项专利权交换乙公司生产的产品。交换日，甲公司专利权的成本为3 840万元，累计摊销960万元，未计提减值准备，公允价值为3 120万元；乙公司换入的专利权作为管理用无形资产使用，采用直线法摊销，预计尚可使用5年，预计净残值为零。乙公司用于交换的产品成本为2 784万元，未计提跌价准备，交换日的公允价值为2 880万元，乙公司另支付了240万元给甲公司；甲公司换入的产品作为存货，至年末尚未出售。上述两项资产已于10月10日办理了资产划转和交接手续，且交换资产未发生减值。

资料五

12月31日，甲公司应收账款账面余额为2 000万元，计提坏账准备160万元。该应收账款系2月向乙公司赊销产品形成。

资料六

2×11年度，乙公司利润表中实现净利润7 200万元，提取盈余公积720万元，因持有的其他债权投资公允价值上升计入当期其他综合收益的金额为400万元。当年，乙公司向股东分配现金股利3 200万元，其中甲公司分得现金股利2 240万元。

其他相关资料：

（1）2×11年1月1日前，甲公司与乙公司、丙公司均不存在任何关联方关系。

（2）甲公司与乙公司均以公历年度作为会计年度，采用相同的会计政策。

（3）适用的所得税税率为25%，假定不考虑除所得税外其他因素，甲公司和乙公司均按当年净利润的10%提取法定盈余公积，不提取任意盈余公积。

要求：

（1）计算甲公司取得乙公司70%股权的成本，并编制相关会计分录。

（2）计算甲公司在编制购买日合并财务报表时因购买乙公司股权应确认的商誉。

（3）编制甲公司2×11年12月31日合并乙公司财务报表时按照权益法调整对乙公司长期股权投资的会计分录。

（4）编制甲公司2×11年12月31日合并乙公司财务报表相关的抵销分录。（不要

求编制与合并现金流量表相关的抵销分录)

(答案中的金额单位用万元表示)

<解析>

(1) 甲公司对乙公司长期股权投资的成本 = 15×1 120 = 16 800 （万元）

借：长期股权投资	16 800	
贷：股本		1 120
资本公积		15 680
借：资本公积	240	
贷：银行存款		240
借：管理费用	16	
贷：银行存款		16

(2) 商誉 = 16 800 − (19 200 + 2 400×75%)×70% = 2 100 （万元）

(3) 调整后乙公司 2×11 年度净利润 = 7 200 − (6 880 − 6 400)×75% − [13 120÷10 − (16 000 − 4 800)÷10]×75% = 6 696 （万元）

调整后乙公司年末未分配利润 = 9 200 + 6 696 − 720 − 3 200 = 11 976 （万元）

扫码观看视频解析

借：长期股权投资	4 687.2 （6 696×70%）	
贷：投资收益		4 687.2
借：投资收益	2 240 （3 200×70%）	
贷：长期股权投资		2 240
借：长期股权投资	210 （400×75%×70%）	
贷：其他综合收益		210

(4) ① 抵销母、子公司的内部交易：

借：营业收入	2 000	
贷：营业成本		1 820
存货		180[（2 000 − 1 400）×30%]
借：递延所得税资产	45 （180×25%）	
贷：所得税费用		45

② 乙公司个别财务报表：折旧费 = 1 600÷5÷2 = 160 （万元）；整体合并财务报表：折旧费 = 1 360÷5÷2 = 136 （万元）。

借：营业收入   1 600

  贷：营业成本   1 360

    固定资产   240

借：固定资产   24

  贷：管理费用   24（240÷5×6/12）

借：递延所得税资产   54［（240−24）×25%］

  贷：所得税费用   54

③乙公司个别财务报表：摊销费=3 120÷5×3/12=156（万元）；整体合并财务报表：摊销费=2 880÷5×3/12=144（万元）。

借：资产处置收益   240

  贷：无形资产   240

借：无形资产   12

  贷：管理费用   12（240÷5×3/12）

借：递延所得税资产   57［（240−12）×25%］

  贷：所得税费用   57

借：营业收入   2 880

  贷：营业成本   2 784

    存货   96

借：递延所得税资产   24（96×25%）

  贷：所得税费用   24

借：少数股东权益   21.6［（2 880−2 784）×75%×30%］

  贷：少数股东损益   21.6

④内部债权债务交易：

借：应付账款   2 000

  贷：应收账款   2 000

借：应收账款（坏账准备）   160

  贷：信用减值损失   160

借：所得税费用   40（160×25%）

  贷：递延所得税资产   40

⑤抵销母公司的长期股权投资和子公司的所有者权益：

借：股本   4 800

  资本公积   5 800（4 000+2 400×75%）

其他综合收益	300 （400×75%）
盈余公积	1 920 （1 200+720）
年末未分配利润	11 976 （9 200+6 696-720-3 200）
商誉	2 100
贷：长期股权投资	19 457.2 （16 800+4 687.2+210-2 240）
少数股东权益	7 438.8［（4 800+5 800+300+1 920+11 976）×30%］

⑥ 合并财务报表中需要抵销母公司对子公司的投资收益：

借：投资收益	4 687.2 （6 696×70%）
少数股东损益	2 008.8 （6 696×30%）
年初未分配利润	9 200
贷：提取盈余公积	720
对股东的分配	3 200
年末未分配利润	11 976

模拟题 5·综合题

甲股份有限公司（以下简称甲公司）为我国境内的上市公司，该公司经股东大会批准处置部分股权，其有关交易或事项如下：

资料一

甲公司 2×18 年 1 月 1 日以 9 900 万元从非关联方购入乙公司 90% 股权，购买日乙公司可辨认净资产的公允价值为 10 000 万元，除办公楼的公允价值大于账面价值 4 000 万元外，其余各项可辨认资产、负债的公允价值与账面价值相同。上述办公楼按 25 年、采用年限平均法计提折旧，自购买日开始尚可使用 20 年，预计净残值为零。

2×18 年，乙公司按其资产、负债账面价值计算净利润增加 2 000 万元，其他债权投资公允价值增加 400 万元，当年无其他所有者权益的变动。

甲公司于 2×19 年 1 月 1 日出售乙公司 60% 股权，所得价款 10 000 万元收存银行，同时办理了股权划转手续。当日，甲公司持有的剩余乙公司 30% 股权的公允价值为 5 000 万元。甲公司出售乙公司股权后，仍持有乙公司 30% 股权并在乙公司董事会中派出 1 名董事。

资料二

2×19 年，乙公司按其资产、负债账面价值计算净利润增加 1 800 万元，当年接受其控股股东捐赠300万元外，当年无其他所有者权益的变动。

资料三

甲公司于2×20年1月2日出售其所持乙公司股权的50%，所得价款1 350万元收存银行，同时办理了股权划转手续。甲公司出售乙公司股权后持有乙公司15%的股权，对乙公司不再具有重大影响，转为指定以公允价值计量且其变动计入其他综合收益的金融资产。

其他相关资料：

（1）甲公司实现净利润按10%提取法定盈余公积后不再分配。

（2）本题不考虑税费及其他因素，且不要求写出长期股权投资的明细科目。

要求：

（1）根据资料一：①判断甲公司出售乙公司股权后对乙公司的投资应当采用的后续计量方法，并说明理由；②计算甲公司在其个别财务报表中针对出售乙公司股权部分应确认的投资收益，并编制相关会计分录；③计算甲公司在其个别财务报表中针对剩余乙公司股权部分账面价值调整相关的会计分录；④计算甲公司出售乙公司股权在其合并财务报表中应确认的投资收益，并编制相关的调整分录。

（2）根据资料二，编制甲公司于2×19年对乙公司股权的会计分录。

（3）根据资料三，编制甲公司出售乙公司股权相关的会计分录。

（答案中的金额单位用万元表示）

＜解析＞

（1）根据资料一：

① 甲公司出售乙公司股权后对乙公司的投资采用权益法进行后续计量。因为甲公司出售乙公司股权后在乙公司董事会中派出一名代表，对乙公司财务和经营决策具有重大影响。

② 甲公司出售乙公司股权在其个别财务报表中应确认的投资收益＝10 000－（9 900×6÷9）＝3 400（万元）

借：银行存款   10 000

    贷：长期股权投资   6 600

        投资收益   3 400

③ 甲公司因持有乙公司股权比例下降对其长期股权投资账面价值调整相关会计分录：

借：长期股权投资　　　　　　　　660〔（2 000-4 000÷20+400）×30%〕

　　贷：盈余公积　　　　　　　　54〔（2 000-4 000÷20）×30%×10%〕

　　　　利润分配　　　　　　　　486〔（2 000-4 000÷20）×30%×90%〕

　　　　其他综合收益　　　　　　120（400×30%）

④ 甲公司出售乙公司股权在其合并财务报表中应确认的投资收益=〔（10 000+5 000）-（10 000+2 000-4 000÷20+400）×90%-（9 900-10 000×90%）〕+400×90%=15 000-10 980-900+360=3 480（万元）

借：长期股权投资　　　　　　　　5 000

　　贷：长期股权投资　　　　　　3 960（9 900-6 600+660）

　　　　投资收益　　　　　　　　1 040

借：投资收益　　　　　　　　　　1 320〔（2 000-4 000÷20+400）×60%〕

　　贷：盈余公积　　　　　　　　108〔（2 000-4 000÷20）×60%×10%〕

　　　　未分配利润　　　　　　　972〔（2 000-4 000÷20）×60%×90%〕

　　　　其他综合收益　　　　　　240（400×60%）

借：其他综合收益　　　　　　　　360（400×90%）

　　贷：投资收益　　　　　　　　360

（2）根据资料二：

借：长期股权投资　　　　　　　　480〔（1 800-4 000÷20）×30%〕

　　贷：投资收益　　　　　　　　480

借：长期股权投资　　　　　　　　90（300×30%）

　　贷：资本公积　　　　　　　　90

（3）根据资料三：

处置前：长期股权投资=9 900-6 600+660+480+90=4 530（万元）。

借：银行存款　　　　　　　　　　1 350

　　投资收益　　　　　　　　　　915

　　贷：长期股权投资　　　　　　2 265（4 530×50%）

借：其他权益工具投资　　　　　　1 350

　　投资收益　　　　　　　　　　915

　　贷：长期股权投资　　　　　　2 265（4 530×50%）

借：其他综合收益　　　　　　　　120

　　贷：投资收益　　　　　　　　120

借：资本公积　　　　　　　　　　　　　　　　　　　　　　　90
　　贷：投资收益　　　　　　　　　　　　　　　　　　　　　　　　90

模拟题 6 · 综合题

A 公司、B 公司 2×17 年、2×18 年有关交易或事项如下：

资料一

A 公司于 2×17 年 1 月取得 B 上市公司 3% 的股份，成本为 320 万元，A 公司获得 B 公司股票后将其归类为其他权益工具投资。2×17 年 12 月 31 日，该批股票的公允价值为 410 万元（同 2×18 年 1 月 1 日该股票的公允价值）。

资料二

2×18 年 1 月 1 日，A 公司以银行存款 13 000 万元作为支付对价进一步购入 B 公司 57% 的股份。当日，B 公司净资产的账面价值为 20 000 万元，其中，股本 10 000 万元、资本公积 7 000 万元、盈余公积 1 000 万元、未分配利润 2 000 万元。B 公司当日有一批存货，账面价值为 1 500 万元，公允价值为 2 500 万元，固定资产账面价值为 1 800 万元，公允价值为 2 100 万元。应收账款账面价值为 1 300 万元，公允价值为 1 000 万元。

资料三

2×18 年 7 月 10 日，B 公司将其原值为 500 万元，账面价值为 360 万元的一项无形资产，以 400 万元的价格出售给 A 公司，款项尚未收到。该无形资产预计剩余使用年限为 5 年，无残值，B 公司和 A 公司均采用直线法对其进行摊销，无形资产摊销计入管理费用。

资料四

B 公司在 2×18 年全年实现净利润 800 万元，B 公司当年提取盈余公积 80 万元、向股东分配现金股利 50 万元。截至 2×18 年 12 月 31 日，应收账款按购买日评估确认的金额收回，评估确认的坏账已核销；购买日发生评估增值的存货，当年已有 60% 实现对外销售；购买日固定资产原价评估增值系公司用办公楼增值，该办公楼采用的折旧方法为年限平均法，该办公楼剩余折旧年限为 20 年，假定该办公楼评估增值在未来 20 年内平均摊销。

其他相关资料：

（1）2×18 年 1 月 1 日前，A 公司与 B 公司不属于同一集团。

（2）A 公司与 B 公司均以公历年度作为会计年度，采用相同的会计政策。

（3）A公司和B公司均按当年净利润的10%提取法定盈余公积，不提取任意盈余公积，不考虑相关税费。

要求：

（1）编制A公司取得B公司57%股权个别财务报表的相关会计分录。

（2）计算A公司在编制购买日合并财务报表时因购买B公司股权应确认的商誉。

（3）编制A公司在购买日合并财务报表的相关的调整抵销会计分录。

（4）编制A公司在2×18年年末合并财务报表的相关的调整抵销会计分录。

（答案中的金额单位用万元表示）

＜解析＞

知识点
其他权益工具转成本、非同一控制下企业合并、内部交易

（1）购买日个别财务报表：

初始投资成本＝410＋13 000＝13 410（万元）

借：长期股权投资	13 410
贷：其他权益工具投资——成本	320
——公允价值变动	90
银行存款	13 000
借：其他综合收益	90
贷：盈余公积	9
利润分配——未分配利润	81

（2）商誉＝13 410－（20 000＋1 000＋300－300）×60%＝810（万元）

（3）购买日合并财务报表：

① 调整分录：

借：存货	1 000（2 500－1 500）
固定资产	300（2 100－1 800）
贷：资本公积	1 000
应收账款	300（1 300－1 000）

② 投资和权益的抵销分录：

合并成本＝410＋13 000＝13 410（万元）

借：股本	10 000
资本公积	8 000（7 000＋1 000）
盈余公积	1 000

扫码观看
视频解析

未分配利润		2 000
商誉	810（13 410−21 000×60%）	
贷：长期股权投资		13 410
少数股东权益		8 400（21 000×40%）

（4）购买日后第一年年末合并财务报表。

① 账面价值调整为公允价值：

借：存货	1 000（2 500−1 500）	
固定资产	300（2 100−1 800）	
贷：资本公积		1 000
应收账款		300（1 300−1 000）
借：营业成本	600（1 000×60%）	
贷：存货		600
借：管理费用	15（300÷20）	
贷：固定资产		15
借：应收账款	300	
贷：信用减值损失		300

② 成本法调整为权益法：

调整子公司净利润＝800−600−15+300＝485（万元）

调整子公司年末未分配利润＝2 000+485−80−50＝2 355（万元）

借：长期股权投资	291（485×60%）	
贷：投资收益		291
借：投资收益	30（50×60%）	
贷：长期股权投资		30

③ 抵销母子公司内部无形资产交易：

借：资产处置收益	40（400−360）	
贷：无形资产（原价）		40
借：无形资产——累计摊销	4（40÷5×6/12）	
贷：管理费用		4
借：少数股东权益	14.4[（40−4）×40%]	
贷：少数股东损益		14.4

④ 抵销母公司投资和子公司权益：

借：股本   10 000

  资本公积   8 000（7 000+1 000）

  盈余公积   1 080（1 000+80）

  年末未分配利润 2 355（2 000+485-80-50）

  商誉   810

  贷：长期股权投资   13 671（13 410+291-30）

    少数股东权益 8 574〔（10 000+8 000+1 080+2 355）×40%〕

⑤ 抵销母公司内部投资收益：

借：投资收益   291（485×60%）

  少数股东损益   194（485×40%）

  年初未分配利润 2 000

  贷：提取盈余公积   80

    对股东的分配   50

    年末未分配利润   2 355

模拟题 7·综合题

A 公司、B 公司 2×17 年、2×18 年有关交易或事项如下：

资料一

A 公司于 2×17 年 1 月取得 B 公司 30% 的股份，成本为 2 800 万元，当日 B 公司可辨认净资产公允价值为 7 500 万元。2×17 年 A 公司确认对 B 公司的投资收益 1 200 万元，另 B 公司持有的其他债权投资在当年公允价值增加 1 500 万元。

资料二

2×18 年 1 月 1 日，A 公司以银行存款 6 000 万元作为支付对价进一步购入 B 公司 40% 的股份。当日，B 公司净资产的账面价值为 11 000 万元，其中，股本 5 000 万元、资本公积 3 000 万元、盈余公积 1 000 万元、未分配利润 2 000 万元。A 公司之前取得的 30% 股权在当日的公允价值为 4 500 万元。B 公司当日有一批存货，公允价值为 2 500 万元，账面价值为 1 500 万元。

资料三

2×18 年 6 月 30 日，B 公司销售其生产的一台办公设备给 A 公司，A 公司买入后作为固定资产使用。假设该设备出售前账面价值为 400 万元，售价为 640 万元，寿命为 5 年，无残值。

资料四

在 B 公司个别财务报表中，2×18 年 12 月 31 日应收 A 公司账款 100 万元，已计提坏账准备 10 万元。

资料五

A 公司 2×18 年个别利润表的营业收入中有 200 万元，系向 B 公司销售商品实现的收入，其商品成本为 140 万元，销售毛利率为 30%。B 公司本期从 A 公司购入的商品已经对外销售 60%，剩余存货留存企业。

资料六

B 公司 2×18 年全年实现净利润 800 万元，B 公司当年提取盈余公积 80 万元、向股东分配现金股利 50 万元。截至 2×18 年 12 月 31 日，购买日发生评估增值的存货，当年已有 60% 实现对外销售。

其他相关资料：

（1）2×18 年 1 月 1 日前，A 公司与 B 公司不属于同一集团。

（2）A 公司与 B 公司均以公历年度作为会计年度，采用相同的会计政策。

（3）A 公司和 B 公司均按当年净利润的 10% 提取法定盈余公积，不提取任意盈余公积，不考虑相关税费。

要求：

（1）编制 A 公司取得 B 公司 40% 股权个别财务报表的相关会计分录。

（2）计算 A 公司在编制购买日合并财务报表时因购买 B 公司股权应确认的商誉。

（3）编制 A 公司在购买日合并财务报表的相关的调整抵销会计分录。

（4）编制 A 公司在 2×18 年年末合并财务报表的相关的调整抵销会计分录。

（答案中的金额单位用万元表示）

<解析>

知识点
权益转成本、非同一控制下企业合并、内部交易

（1）购买日个别财务报表：

初始投资成本 =（2 800+1 200+450）+6 000 = 10 450（万元）

借：长期股权投资	10 450	
贷：长期股权投资——投资成本		2 800
——损益调整		1 200
——其他综合收益		450

扫码观看
视频解析

　　　　银行存款　　　　　　　　　　　　　　　　　　　　　6 000

（2）合并成本＝4 500＋6 000＝10 500（万元）

商誉＝10 500－12 000×70%＝2 100（万元）

（3）购买日合并财务报表：

① 调整分录：

借：长期股权投资　　　　　　　　　　　　　　　　　　4 500

　　贷：长期股权投资　　　　　　　　　　　　　　　　　　4 450

　　　　投资收益　　　　　　　　　　　　　　　　　　　　　50

借：存货　　　　　　　　　　　　　　1 000（2 500－1 500）

　　贷：资本公积　　　　　　　　　　　　　　　　　　　1 000

② 投资和权益的抵销分录：

合并成本＝4 500＋6 000＝10 500（万元）

借：股本　　　　　　　　　　　　　　　　　　　　　　5 000

　　资本公积　　　　　　　　　　　　4 000（3 000＋1 000）

　　盈余公积　　　　　　　　　　　　　　　　　　　　1 000

　　未分配利润　　　　　　　　　　　　　　　　　　　2 000

　　商誉　　　　　　　　　　　2 100（10 500－12 000×70%）

　　　贷：长期股权投资　　　　　　　　　　　　　　　10 500

　　　　　少数股东权益　　　　　　　3 600（12 000×30%）

③ 其他综合收益的结转：

借：其他综合收益　　　　　　　　　　　　　　　　　　　450

　　贷：投资收益　　　　　　　　　　　　　　　　　　　　450

（4）购买日后第一年年末合并财务报表：

① 将合并成本的账面价值调整为公允价值：

借：长期股权投资　　　　　　　　　　　　　　　　　　4 500

　　贷：长期股权投资　　　　　　　　　　　　　　　　　4 450

　　　　投资收益　　　　　　　　　　　　　　　　　　　　50

借：存货　　　　　　　　　　　　　　1 000（2 500－1 500）

　　贷：资本公积　　　　　　　　　　　　　　　　　　　1 000

借：营业成本　　　　　　　　　　　　　600（1 000×60%）

　　贷：存货　　　　　　　　　　　　　　　　　　　　　　600

② 成本法调整为权益法：

调整子公司净利润 = 800-600 = 200（万元）

调整子公司年末未分配利润 = 2 000+200-80-50 = 2 070（万元）

借：长期股权投资　　　　　　　　　　　　　140（200×70%）

　　　贷：投资收益　　　　　　　　　　　　　　　　　　　140

借：投资收益　　　　　　　　　　　　　　　　35（50×70%）

　　　贷：长期股权投资　　　　　　　　　　　　　　　　　　35

③ 抵销母、子公司内部交易如下。

抵销内部交易：

借：营业收入　　　　　　　　　　　　　　　　640

　　贷：营业成本　　　　　　　　　　　　　　　　　　　400

　　　　固定资产（原价）　　　　　　　　　　　　　　　240

借：固定资产（累计折旧）　　　　　　　　　24（240÷5×6/12）

　　贷：管理费用　　　　　　　　　　　　　　　　　　　24

借：少数股东权益　　　　　　　　64.8［（240-24）×30%］

　　贷：少数股东损益　　　　　　　　　　　　　　　　　64.8

抵销内部债权债务：

借：应付账款　　　　　　　　　　　　　　　　100

　　贷：应收账款　　　　　　　　　　　　　　　　　　　100

借：应收账款（坏账准备）　　　　　　　　　　10

　　贷：信用减值损失　　　　　　　　　　　　　　　　　10

借：少数股东损益　　　　　　　　　　3（10×30%）

　　贷：少数股东权益　　　　　　　　　　　　　　　　　3

抵销内部存货交易：

借：营业收入　　　　　　　　　　　　　　　　200

　　贷：营业成本　　　　　　　　　　　　　　　　　　　176

　　　　存货　　　　　　　　　　　　　　24（60×40%）

④ 抵销母公司投资和子公司权益：

借：股本　　　　　　　　　　　　　　　　　5 000

　　资本公积　　　　　　　　　　4 000（3 000+1 000）

　　盈余公积　　　　　　　　　　　　1 080（1 000+80）

　　年末未分配利润　　　　2 070（2 000+200-80-50）

      商誉   2 100

    贷：长期股权投资   10 605（10 500+140−35）

       少数股东权益   3 645〔（5 000+4 000+1 080+2 070）×30%〕

⑤ 抵销内部投资收益：

借：投资收益   140（200×70%）

    少数股东损益   60（200×30%）

    年初未分配利润   2 000

    贷：提取盈余公积   80

       对股东的分配   50

       年末未分配利润   2 070

模拟题 8 · 综合题

A上市公司于2×19年3月31日通过定向增发本公司普通股对B公司进行合并。假定不考虑所得税影响，该项业务的有关资料如下：

资料一

A公司普通股在2×19年3月31日的公允价值为每股20元，B公司普通股当日的公允价值为每股40元。A公司、B公司每股普通股的面值均为1元。

资料二

2×19年3月31日，除A公司固定资产的公允价值总额较账面价值总额高1 000万元，无形资产的公允价值总额较账面价值总额高2 000万元，B公司无形资产的公允价值总额较账面价值总额高1 000万元，固定资产的公允价值总额较账面价值高3 000万元以外，A、B两公司其他资产、负债项目的公允价值与其账面价值相同。

资料三

假定A公司与B公司在合并前不存在任何关联方关系。

资料四

A公司及B公司在合并前简化资产负债表如下表所示。

A公司及B公司在合并前简化资产负债表

单位：万元

项目	A公司		B公司	
	账面价值	公允价值	账面价值	公允价值
其他权益工具投资	6 000	6 000	2 250	2 250
固定资产	4 000	5 000	15 000	18 000

（续表）

项目	A 公司		B 公司	
	账面价值	公允价值	账面价值	公允价值
无形资产	11 000	13 000	23 000	24 000
资产总额	21 000	24 000	40 250	44 250
应付账款	500	500	500	500
长期借款	1 000	1 000	9 500	9 500
负债总额	1 500	1 500	10 000	10 000
股本	1 500	—	1 250	—
资本公积	1 000	—	9 000	—
盈余公积	4 000	—	0	—
未分配利润	15 000	—	20 000	—
所有者权益合计	19 500	22 500	30 250	34 250

资料五

A 公司取得 B 公司 100%的股权：2×19 年 3 月 31 日，A 公司通过定向增发本公司普通股，以 2 股换 1 股的比例自 B 公司原股东 C 公司处取得了 B 公司的股权。A 公司共发行了 2 500 万股（1 250×2）普通股。

资料六

2×19 年，A 公司与 B 公司形成的主体实现合并净利润为 3 500 万元，自 2×19 年 1 月 1 日至 3 月 31 日，B 公司发行在外的普通股股数未发生变化。

要求：

（1）判断该项企业合并是否属于反向购买，并说明理由；如果属于，计算 B 公司的合并成本；如果不属于，计算 A 公司的合并成本。（计算发行的股票数量时保留整数万股）

（2）计算合并财务报表中商誉的金额。

（3）填列 A 公司在 2×19 年 3 月 31 日合并资产负债表中各项目的合并金额。

合并资产负债表

单位：万元

项目	金额
其他权益工具投资	
固定资产	
无形资产	
商誉	

（续表）

项目	金额
资产总额	
应付账款	
长期借款	
负债总额	
股本（ 万股普通股）	
资本公积	
盈余公积	
未分配利润	
少数股东权益	
所有者权益总额	

（4）计算 2×19 年合并财务报表的基本每股收益。

（答案中的金额单位用万元表示）

<解析>

（1）属于反向购买。A 公司在该项企业合并中向 B 公司原股东 C 公司增发了 2 500 万股普通股，合并后 B 公司原股东 C 公司持有 A 公司的股权比例为 62.5% ［2 500/（1 500+2 500）×100%］，对于该项企业合并，虽然在合并中发行权益性证券的一方为 A 公司，但因其生产经营决策的控制权在合并后由 B 公司原股东 C 公司所拥有，B 公司应为购买方（法律上的子公司），A 公司为被购买方（法律上的母公司），所以该项企业合并属于反向购买。

假定 B 公司发行本公司普通股对 A 公司进行企业合并，在合并后主体享有同样的股权比例，在计算 B 公司需发行的普通股数量时，B 公司应当发行的普通股股数为 750 万股（1 250÷62.5%−1 250）。B 公司的合并成本=750×40=30 000（万元）。

（2）合并商誉=30 000−22 500=7 500（万元）

（3）A 公司在 2×19 年 3 月 31 日合并资产负债表如下表所示。

扫码观看
视频解析

合并资产负债表　　　　　　　　　　　　　　　　单位：万元

项目	金额
其他权益工具投资	8 250（6 000+2 250）
固定资产	20 000（5 000+15 000）
无形资产	36 000（13 000+23 000）

(续表)

项目	金额
商誉	7 500
资产总额	71 750
应付账款	1 000（500+500）
长期借款	10 500（1 000+9 500）
负债总额	11 500
股本（4 000 万股普通股*）	2 000（1 250+750）
资本公积	38 250［9 000+750×（40-1）］
盈余公积	0
未分配利润	20 000
少数股东权益	0
所有者权益总额	60 250

注：* 普通股数量=1 500+2 500=4 000（万股）

（4）2×19 年合并财务报表的基本每股收益=3 500÷（2 500×3/12+4 000×9/12）=0.97（元/股）

模拟题 9 · 综合题

A 上市公司于 2×19 年 3 月 31 日通过定向增发本公司普通股对 B 公司进行合并。该项业务的有关资料如下：

资料一

A 公司普通股在 2×19 年 3 月 31 日的公允价值为每股 20 元，B 公司普通股当日的公允价值为每股 40 元。A 公司、B 公司每股普通股的面值均为 1 元。

资料二

2×19 年 3 月 31 日，除 A 公司固定资产的公允价值总额较账面价值总额高 1 000 万元，无形资产的公允价值总额较账面价值总额高 2 000 万元，B 公司无形资产的公允价值总额较账面价值总额高 1 000 万元，固定资产的公允价值总额较账面价值高 3 000 万元以外，A、B 两公司其他资产、负债项目的公允价值与其账面价值相同。

资料三

假定 A 公司与 B 公司在合并前不存在任何关联方关系。

资料四

A 公司及 B 公司在合并前简化资产负债表如下表所示。

A 公司及 B 公司在合并前简化资产负债表　　　单位：万元

项目	A 公司		B 公司	
	账面价值	公允价值	账面价值	公允价值
其他权益工具投资	6 000	6 000	2 250	2 250
固定资产	4 000	5 000	15 000	18 000
无形资产	11 000	13 000	23 000	24 000
资产总额	21 000	24 000	40 250	44 250
应付账款	500	500	500	500
长期借款	1 000	1 000	9 500	9 500
负债总额	1 500	1 500	10 000	10 000
股本	1 500	—	1 250	—
资本公积	1 000		9 000	—
盈余公积	4 000		0	—
未分配利润	15 000	—	20 000	—
所有者权益合计	19 500	22 500	30 250	34 250

资料五

A 公司取得 B 公司 80% 的股权：2×19 年 3 月 31 日，A 公司通过定向增发本公司普通股，以 2 股换 1 股的比例自 B 公司原股东 C 公司处取得了 B 公司的股权。B 公司的全部股东中假定只有其中的 80% 以原持有的对 B 公司股权换取了 A 公司增发的普通股。A 公司共发行了 2 000 万股普通股（1 250×80%×2）。

其他相关资料：所得税税率为 25%，不考虑除所得税以外的相关税费。

要求：

（1）判断该项企业合并是否属于反向购买，并说明理由；如果属于，计算 B 公司的合并成本；如果不属于，计算 A 公司的合并成本。（计算发行的股票数量时保留整数万股）

（2）计算合并财务报表中商誉的金额。

（3）填列 A 公司在 2×19 年 3 月 31 日合并资产负债表中各项目的合并金额。

合并资产负债表　　　单位：万元

项目	金额
其他权益工具投资	
固定资产	
无形资产	
递延所得税资产	

(续表)

项目	金额
商誉	
资产总额	
应付账款	
长期借款	
递延所得税负债	
负债总额	
股本（　　万股普通股）	
资本公积	
盈余公积	
未分配利润	
少数股东权益	
所有者权益总额	

（答案中的金额单位用万元表示）

<解析>

知识点
反向购买、所得税

（1）属于反向购买。A公司在该项企业合并中向B公司原股东C公司增发了2 000万股普通股，合并后B公司原股东C公司持有A公司的股权比例为57.14%〔2 000/（1 500+2 000）×100%〕，对于该项企业合并，虽然在合并中发行权益性证券的一方为A公司，但因其生产经营决策的控制权在合并后由B公司原股东C公司所拥有，B公司应为购买方（法律上的子公司），A公司为被购买方（法律上的母公司），所以该项企业合并属于反向购买。

假定B公司发行本公司普通股对A公司进行企业合并，在合并后主体享有同样的股权比例，在计算B公司需发行的普通股数量时，B公司应当发行的普通股股数为750万股（1 250×80%÷57.14%−1 250×80%）。

B公司的合并成本=750×40=30 000（万元）

（2）合并商誉=30 000−（22 500−1 000×25%−2 000×25%）=8 250（万元）

（3）A公司2×19年3月31日合并资产负债表如下表所示。

合并资产负债表　　　　　　　　　单位：万元

项目	金额
其他权益工具投资	8 250（6 000+2 250）
固定资产	20 000（5 000+15 000）
无形资产	36 000（13 000+23 000）
递延所得税资产	0
商誉	8 250
资产总额	72 500
应付账款	1 000（500+500）
长期借款	10 500（1 000+9 500）
递延所得税负债	750（1 000×25%+2 000×25%）
负债总额	12 250
股本（3 500万股普通股*）	1 750（1 250×80%+750）
资本公积	36 450[9 000×80%+750×(40−1)]
盈余公积	0
未分配利润	16 000（20 000×80%）
少数股东权益	6 050（30 250×20%）
所有者权益总额	60 250

注：*普通股数量=1 500+2 000=3 500（万股）

答题方法论

1. 高频考点总结

本专题在历年真题中的高频、中频、低频考点，如表14所示。

表14　长期股权投资与合并财务报表主观题考点分频

考点	内容
高频考点	长期股权投资的初始计量、权益法下初始投资成本调整、权益法下净利润的修正、长期股权投资的转换、非同一控制下购买日及购买日后合并财务报表的账务处理、内部商品交易的抵销处理、内部债权债务的抵销处理、内部固定资产交易的抵销处理、特殊交易事项
中频考点	内部交易所得税的抵销处理
低频考点	或有对价、反向购买原理及合并成本的计算、同一控制下合并日及合并日后合并财务报表的账务处理

2. 答题技巧

同一控制下企业合并（含内部交易）与非同一控制下企业（含内部交易）账务处理总结，如表 15 所示。

表 15　同一与非同一报表编制总结

时间	类型	个别财务报表	合并财务报表
合并日/购买日	同一控制下	借：长期股权投资 　　贷：库存商品等 　　　　资本公积（差额）	（1）先抵销： 借：子公司的股东权益 　　贷：长期股权投资 　　　　少数股东权益 （2）后恢复： 借：资本公积 　　贷：盈余公积 　　　　未分配利润
	非同一控制下	借：长期股权投资 　　贷：主营业务收入等	（1）先调整： 借：资产＝公允价值－账面价值 　　贷：负债＝公允价值－账面价值 　　　　资本公积 （2）后抵销： 借：子公司股东权益 　　商誉（差额） 　　贷：长期股权投资 　　　　少数股东权益
合并日后/购买日后	同一控制下（成本法）	宣告发放股利： 借：应收股利 　　贷：投资收益	（1）先调整： 成本法调整为权益法 （2）再抵销： ①抵销内部交易； ②抵销母公司投资与子公司 （3）权益： ①恢复留存收益； ②抵销内部投资收益
	非同一控制下（成本法）	宣告发放股利： 借：应收股利 　　贷：投资收益	（1）先调整： ①账面价值调为公允价值； ②成本法调整为权益法 （2）再抵销： ①抵销内部交易； ②抵销母公司投资与子公司 （3）权益： 抵销内部投资收益。 【提示】控制权不变，商誉的金额一般不变，除非商誉发生减值

专题六

租赁、债务重组、资产减值、借款费用、外币折算与持有待售等

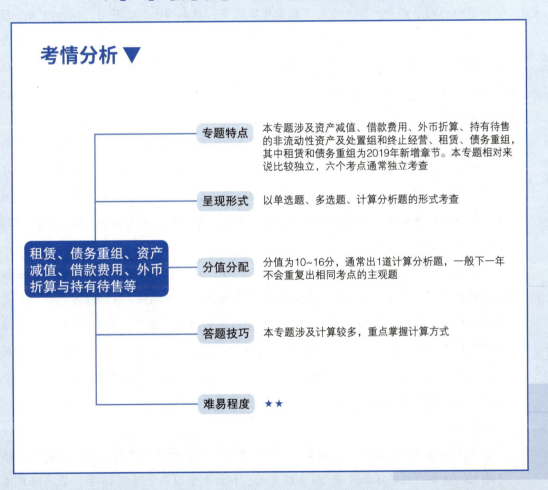

考情分析 ▼

专题特点	本专题涉及资产减值、借款费用、外币折算、持有待售的非流动性资产及处置组和终止经营、租赁、债务重组，其中租赁和债务重组为2019年新增章节。本专题相对来说比较独立，六个考点通常独立考查
呈现形式	以单选题、多选题、计算分析题的形式考查
分值分配	分值为10~16分，通常出1道计算分析题，一般下一年不会重复出相同考点的主观题
答题技巧	本专题涉及计算较多，重点掌握计算方式
难易程度	★★

租赁、债务重组、资产减值、借款费用、外币折算与持有待售等

专题概况
了解一下

▶▶ 经典试题及解析

经典试题1·计算分析题

甲股份有限公司（以下简称甲公司）系生产家用电器的上市公司，实行事业部制管理，有A、B、C、D四个事业部，分别生产不同的家用电器，每一事业部为一个资产组。甲公司有关总部资产以及A、B、C、D四个事业部的资料如下：

资料一

甲公司的总部资产为一级电子数据处理设备，成本为1 500万元，预计使用年限为20年。截至2×18年年末，电子数据处理设备的账面价值为1 200万元，预计剩余使用年限为16年。电子数据处理设备用于A、B、C三个事业部的行政管理，由于技术已经落后，其存在减值迹象。

资料二

资产组A为一生产线，该生产线由X、Y、Z三部机器组成。该三部机器的成本分别为4 000万元、6 000万元、10 000万元，预计使用年限均为8年。截至2×18年年末，X、Y、Z机器的账面价值分别为2 000万元、3 000万元、5 000万元，预计剩余使用年限均为4年。由于产品技术落后于其他同类产品，产品销量大幅下降，2×18年度比上年下降了45%。

经对资产组A（包括分配的总部资产，下同）未来4年的现金流量进行预测并按适当的折现率折现后，甲公司预计资产组A未来现金流量现值为8 480万元。甲公司无法合理预计资产组A公允价值减去处置费用后的净额，因X、Y、Z机器均无法单独产生现金流量，因此也无法预计X、Y、Z机器各自的未来现金流量现值。甲公司估计X机器公允价值减去处置费用后的净额为1 800万元，但无法估计Y、Z机器公允价值减去处置费用后的净额。

资料三

资产组B为一条生产线，成本为1 875万元，预计使用年限为20年。截至2×18年年末，该生产线的账面价值为1 500万元，预计剩余使用年限为16年。资产组B未出现减值迹象。

经对资产组B（包括分配的总部资产，下同）未来16年的现金流量进行预测并按适当的折现率折现后，甲公司预计资产组B未来现金流量现值为2 600万元。甲公司无法合理预计资产组B公允价值减去处置费用后的净额。

资料四

资产组 C 为一条生产线，成本为 3 750 万元，预计使用年限为 15 年。截至 2×18 年末，该生产线的账面价值为 2 000 万元，预计剩余使用年限为 8 年。由于实现的营业利润远远低于预期，资产组 C 出现减值迹象。

经对资产组 C（包括分配的总部资产，下同）未来 8 年的现金流量进行预测并按适当的折现率折现后，甲公司预计资产组 C 未来现金流量现值为 2 016 万元。甲公司无法合理预计资产组 C 公允价值减去处置费用后的净额。

资料五

资产组 D 为新购入的生产小家电的丙公司。2×18 年 2 月 1 日，甲公司与乙公司签订《股权转让协议》，甲公司以 9 100 万元的价格购买乙公司持有的丙公司 70% 的股权。4 月 15 日，上述股权转让协议经甲公司临时股东大会和乙公司股东会批准。4 月 25 日，甲公司支付了上述转让款。5 月 31 日，丙公司改选了董事会，甲公司提名的董事占半数以上，按照公司章程规定，财务和经营决策需董事会半数以上成员表决通过。当日，丙公司可辨认净资产的公允价值为 12 000 万元。甲公司与乙公司在该项交易前不存在关联方关系。资产组 D 不存在减值迹象。

至 2×18 年 12 月 31 日，丙公司可辨认净资产按照购买日的公允价值持续计算的账面价值为 13 000 万元。甲公司估计包括商誉在内的资产组 D 的可收回金额为 13 500 万元。

其他相关资料：

（1）上述总部资产以及资产组 A、B、C 各相关资产，均采用年限平均法计提折旧，预计净残值均为零。

（2）电子数据处理设备中资产组的账面价值和剩余使用年限按加权平均计算的账面价值比例进行分配。

（3）除上述所给资料外，不考虑其他因素。

要求：

（1）计算甲公司 2×18 年 12 月 31 日电子数据处理设备和资产组 A、B、C 及其各组成部分应计提的减值准备金额，并编制相关会计分录；计算甲公司电子数据处理设备和 A、B、C 资产组及其各组成部分于 2×19 年度应计提的折旧额。将上述相关数据填列在下面两表内。

各资产组账面价值　　　　　　　　　　　　　　　　单位：万元

项　目	资产组A	资产组B	资产组C	合计
各资产组账面价值				
各资产组剩余使用寿命				
按使用寿命计算的权重				
加权计算后的账面价值				
总部资产分摊比例（各资产组加权计算后的账面价值/各资产组加权平均计算后的账面价值合计）				
总部资产账面价值分摊到各资产组的金额				
包括分摊的总部资产账面价值部分的各资产组账面价值				
包括总部资产在内的各资产组的可收回金额				
各资产组发生的减值损失				
总部资产应该分摊的减值损失				
各资产组应分摊的减值损失				

A资产组减值损失分摊表　　　　　　　　　　　　　　单位：万元

项目	机器X	机器Y	机器Z	整个生产线（资产组）
账面价值				
减值损失				
减值损失分摊比例				
分摊减值损失				
分摊后账面价值				
尚未分摊的减值损失				
二次分摊比例				
二次分摊减值损失				
二次分摊后应确认减值损失总额				
二次分摊后账面价值				

（2）计算甲公司2×18年12月31日商誉应计提的减值准备，并编制相关的会计分录。

（答案中的金额单位用万元表示）

<解析>

（1）各资产组账面价值和资产组 A 减值损失分摊填列如下面两表所示。

知识点
总部资产减值、资产组减值、商誉减值

各资产组账面价值 　　　　　　单位：万元

项　目	资产组 A	资产组 B	资产组 C	合计
各资产组账面价值	10 000	1 500	2 000	13 500
各资产组剩余使用寿命	4	16	8	—
按使用寿命计算的权重	1	4	2	—
加权计算后的账面价值	10 000	6 000	4 000	20 000
总部资产分摊比例（各资产组加权计算后的账面价值/各资产组加权平均计算后的账面价值合计）	50%	30%	20%	100%
总部资产账面价值分摊到各资产组的金额	600	360	240	1 200
包括分摊的总部资产账面价值部分的各资产组账面价值	10 600	1 860	2 240	14 700
包括总部资产在内的各资产组的可收回金额	8 480	2 600	2 016	13 096
各资产组发生的减值损失	2 120	0	224	2 344
总部资产应该分摊的减值损失	120（600÷10 600×2 120）	0	24（240÷2 240×224）	144
各资产组应分摊的减值损失	2 000	0	200	2 200

资产组 A 减值损失分摊表 　　　　　　单位：万元

项目	机器 X	机器 Y	机器 Z	整个生产线（资产组）
账面价值	2 000	3 000	5 000	10 000
减值损失				2 000
减值损失分摊比例	20%	30%	50%	100%
分摊减值损失	200（最多确认的损失金额 2 000－1 800＝200）	600	1 000	1 800
分摊后账面价值	1 800	2 400	4 000	8 200
尚未分摊的减值损失	—	—	—	200
二次分摊比例		37.5%	62.5%	100%
二次分摊减值损失	—	75	125	200
二次分摊后应确认减值损失总额	200	675	1 125	2 000
二次分摊后账面价值	1 800	2 325	3 875	8 000

扫码观看
视频解析

借：资产减值损失——总部资产　　　　　　　　　　　　144

　　　　　　　——X 机器　　　　　　　　　　　　　200

　　　　　　　——Y 机器　　　　　　　　　　　　　675

　　　　　　　——Z 机器　　　　　　　　　　　　1 125

　　　　　　　——资产组 C　　　　　　　　　　　　200

　　贷：固定资产减值准备　　　　　　　　　　　　　　　　　2 344

2×19 年以下各项目应该计提的折旧金额：

总部资产 2×19 年计提的折旧金额 =（1 200-144）÷16 = 66（万元）

X 机器 2×19 年计提的折旧金额 = 1 800÷4 = 450（万元）

Y 机器 2×19 年计提的折旧金额 = 2 325÷4 = 581. 25（万元）

Z 机器 2×19 年计提的折旧金额 = 3 875÷4 = 968. 75（万元）

资产组 B 2×19 年计提的折旧金额 = 1 500÷16 = 93. 75（万元）

资产组 C 2×19 年计提的折旧金额 = 1 800÷8 = 225（万元）

（2）商誉 = 9 100-12 000×70% = 700（万元）

丙公司的总商誉 = 700÷70% = 1 000（万元）

包含商誉的资产组账面价值 = 13 000 + 1 000 = 14 000（万元），可收回金额为 13 500 万元，应计提减值 500 万元。

甲公司 2×18 年 12 月 31 日商誉应计提的减值准备 = 500×70% = 350（万元）

借：资产减值损失　　　　　　　　　　　　　　　　350

　　贷：商誉——商誉减值准备　　　　　　　　　　　　　　350

经典试题 2 · 计算分析题

甲股份有限公司（以下简称甲公司）拟自建一条生产线，与该生产线建造相关的情况如下：

资料一

2×12 年 1 月 2 日，甲公司发行公司债券，专门筹集生产线建设资金。该公司债券为 3 年期分期付息、到期还本债券，面值为 3 000 万元，票面年利率为 5%，发行价格为 3 069. 75 万元，另在发行过程中支付中介机构佣金 150 万元，实际募集资金净额为 2 919. 75 万元。

资料二

甲公司除上述所发行公司债券外，还存在两笔流动资金借款：一笔于 2×11 年

10 月 1 日借入，本金为 2 000 万元，年利率为 6%，期限 2 年；另一笔于 2×11 年 12 月 1 日借入，本金为 3 000 万元，年利率为 7%，期限 18 个月。

资料三

生产线建造工程于 2×12 年 1 月 2 日开工，采用外包方式进行，预计工期 1 年。有关建造支出情况如下：2×12 年 1 月 2 日，支付建造商 1 000 万元；2×12 年 5 月 1 日，支付建造商 1 600 万元；2×12 年 8 月 1 日，支付建造商 1 400 万元。

资料四

2×12 年 9 月 1 日，生产线建造工程出现人员伤亡事故，被当地安监部门责令停工整改，至 2×12 年 12 月底整改完毕。工程于 2×13 年 1 月 1 日恢复建造，当日向建造商支付工程款 1 200 万元。建造工程于 2×13 年 3 月 31 日完成，并经有关部门验收，试生产出合格产品。为帮助职工正确操作使用新建生产线，甲公司自 2×13 年 3 月 31 日起对一线员工进行培训，至 4 月 30 日结束，共发生培训费用 120 万元。该生产线自 2×13 年 5 月 1 日起实际投入使用。

资料五

甲公司将闲置专门借款资金投资固定收益理财产品，月收益率为 0.5%。

其他相关资料：本题中不考虑所得税等相关税费以及其他因素。相关系数如下：(P/A, 5%, 3) = 2.7232，(P/A, 6%, 3) = 2.6730，(P/A, 7%, 3) = 2.6243，(P/F, 5%, 3) = 0.8638，(P/F, 6%, 3) = 0.8396，(P/F, 7%, 3) = 0.8163。

要求：

(1) 确定甲公司生产线建造工程借款费用的资本化期间，并说明理由。

(2) 计算甲公司发行公司债券的实际利率，并对发行债券进行会计处理。

(3) 分别计算甲公司 2×12 年专门借款、一般借款利息应予资本化的金额，并对生产线建造工程进行会计处理。

(4) 分别计算甲公司 2×13 年专门借款、一般借款利息应予资本化的金额，并对生产线建造工程进行会计处理，编制结转固定资产的会计分录。

(答案中的金额单位用万元表示)

〈解析〉

(1) 甲公司生产线建造工程借款费用的资本化期间是：2×12 年 1 月 2 日至 2×12 年 8 月 31 日（9 月 1 日至 12 月 31 日期间暂停）；2×13 年 1 月 1 日至 2×13 年 3 月 31 日。2×12 年 1 月 2 日资产支出发生、借款费用发生、有关建造活动开始，符合借

> **知识点**
>
> 专门借款、一般借款

款费用开始资本化的条件，9月1日至12月31日因事故停工且连续超过3个月，应暂停资本化；2×13年3月31日试生产出合格产品，已达到预定可使用状态，应停止借款费用资本化。

扫码观看
视频解析

（2）通过内插法（也称插值法）确定实际利率为6%，则：

当r＝6%时，应付债券的初始入账金额＝3 000×5%×（P/A，6%，3）+3 000×（P/F，6%，3）＝3 000×0.8396+150×2.673＝2 919.75（万元）。

借：银行存款　　　　　　　　　　　　　　　　　　　2 919.75

　　应付债券——利息调整　　　　　　　　　　　　　　80.25

　　贷：应付债券——面值　　　　　　　　　　　　　　　　　3 000

（3）应付债券2×12年利息＝2 919.75×6%＝175.19（万元）

2×12年用于短期投资取得的收益＝（2 919.75−1 000）×0.5%×4+（2 919.75−1 000−1 600）×0.5%×3＝43.19（万元）

专门借款利息资本化金额＝2 919.75×6%×8/12−43.19＝73.60（万元）

一般借款平均资本化率＝（2 000×6%+3 000×7%）/（2 000×12/12+3 000×12/12）×100%＝6.6%

截至2×12年8月1日，发生建造支出＝1 000+1 600+1 400＝4 000（万元），1月1日和5月1日发生的支出占用的均为专门借款，8月1日支出占用一般借款＝4 000−2 919.75＝1 080.25（万元）。

一般借款利息资本化金额＝1 080.25×6.6%×1/12＝5.94（万元）

借：在建工程　　　　　　　　　　　　　　　　　　　4 000

　　贷：银行存款　　　　　　　　　　　　　　　　　　　　4 000

2×12年一般借款利息费用总额＝2 000×6%+3 000×7%＝330（万元）

相关会计分录如下：

借：在建工程　　　　　　　　　　　79.54（73.60+5.94）

　　财务费用　　　　　　　　　　　382.46（58.4+324.06）

　　应收利息　　　　　　　　　　　　　　　　　　　43.19

　　贷：应付利息　　　　　　　　　　480（3 000×5%+330）

　　　　应付债券——利息调整　　　　25.19（175.19−150）

（4）2×13年专门借款利息资本化金额＝（2 919.75+25.19）×6%×3/12＝44.17（万元）

2×13年一般借款平均资本化率＝（2 000×6%×3/12+3 000×7%×3/12）÷（2 000×3/12+3 000×3/12）＝6.6%

2×13 年一般借款利息支出资本化金额=（1 000+1 600+1 400+1 200-2 919.75）× 6.6%×3/12=37.62（万元）

2×13 年借款费用资本化金额=44.17+37.62=81.79（万元）

借：在建工程		1 200
贷：银行存款		1 200
借：在建工程		44.17
贷：应付利息	37.50（3 000×5%×3/12）	
应付债券——利息调整		6.67
借：在建工程		37.62
财务费用	44.88［（2 000×6%+3 000×7%）×3/12-37.62］	
贷：应付利息	82.5［（2 000×6%+3 000×7%）×3/12］	
借：固定资产		5 361.33
贷：在建工程		5 361.33

固定资产=4 000+79.54+1 200+44.17+37.62=5 361.33（万元）

▶▶ 模拟训练

模拟题 1·计算分析题

（1）2×19 年 11 月 5 日，海源公司向 M 公司赊购一批材料，含税价为 3 510 万元。2×20 年 9 月 10 日，海源公司因发生财务困难，无法按合同约定偿还债务，双方协商进行债务重组。M 公司同意海源公司用其生产的商品、作为固定资产管理的机器设备和一项债券投资抵偿欠款。当日，该债权的公允价值为 3 150 万元，海源公司用于抵债的商品市价（不含增值税）为 1 350 万元，抵债设备的公允价值为 1 125 万元，用于抵债的债券投资市价为 353.25 万元。抵债资产于 2×20 年 9 月 20 日转让完毕，海源公司发生设备运输费用 9.75 万元，M 公司发生的设备安装费用 22.5 万元。

（2）M 公司以摊余成本计量该项债权。2×20 年 9 月 20 日，M 公司对该债权已计提坏账准备 285 万元，受让的债券投资市价 315 万元。M 公司将受让的商品、设备和债券投资分别作为库存商品、固定资产和以公允价值计量且其变动计入当期损益的金融资产核算。

（3）海源公司以摊余成本计量该项债务。2×20 年 9 月 20 日，海源公司用于抵债的商品成本为 1 050 万元；抵债设备的账面原价为 2 250 万元，累计折旧为 600 万元，已计提减值准备 270 万元；海源公司以摊余成本计量用于抵债的债券投资，债券票面价值总额为 225 万元，票面利率和实际利率一致，按年付息。当日，该项债务的账面价值仍为 3 510 万元。

其他相关资料：海源、M 公司均为增值税一般纳税人，适用增值税税率 13%，经税务机关核定，该项交易中商品和设备的计税价格分别为 1 350 万元和 1 125 万元。不考虑其他相关税费。

要求：

（1）编制重组日债权人的账务处理。

（2）编制重组日债务人的账务处理。

（答案中的金额单位用万元表示）

扫码观看
视频解析

<解析>

（1）库存商品和设备可抵扣增值税 =（1 350+1 125）×13% = 321.75（万元）

库存商品和固定资产的成本应当以其公允价值比例（1 350：1 125）对放弃债权公允价值扣除受让金融资产公允价值后的净额进行分配后的金额为基础确定。

库存商品的成本 =（3 150−353.25−175.5−146.25）×1 350/（1 350+1 125）= 1 350（万元）

固定资产的成本 =（3 150−353.25−175.5−146.25）×1 125/（1 350+1 125）= 1 125（万元）

2×20 年 9 月 20 日，债权人 M 公司的账务处理如下。

① 结转债务重组相关损益：

借：库存商品　　　　　　　　　　　　　　　　　　　　1 350

　　在建工程　　　　　　　　　　　　　　　　　　　　1 125

　　应交税费——应交增值税（进项税额）　　　　　　　321.75

　　交易性金融资产　　　　　　　　　　　　　　　　　315

　　坏账准备　　　　　　　　　　　　　　　　　　　　285

　　投资收益　　　　　　　　　　　　　　　　　　　　113.25

　　　贷：应收账款——海源公司　　　　　　　　　　　　　　3 510

② 支付安装成本：

借：在建工程　　　　　　　　　　　　　　　　　　　　22.5

贷：银行存款	22.5

③ 安装完毕达到可使用状态：

借：固定资产	1 147.5
贷：在建工程	1 147.5

（2）2×20 年 9 月 20 日，债务人海源公司的账务处理如下：

借：固定资产清理	1 380
累计折旧	600
固定资产减值准备	270
贷：固定资产	2 250
借：固定资产清理	9.75
贷：银行存款	9.75
借：应付账款	3 510
贷：固定资产清理	1 389.75
库存商品	1 050
应交税费——应交增值税（销项税额）	321.75
债权投资——成本	225
其他收益——债务重组收益	523.5

模拟题 2 · 计算分析题

2×20 年 2 月 10 日，海源公司从 M 公司购买一批材料，约定 6 个月后海源公司应结清款项 1 500 万元（假定无重大融资成分）。M 公司将该应收款项分类为以公允价值计量且其变动计入当期损益的金融资产；海源公司将该应付款项分类为以摊余成本计量的金融负债。2×20 年 8 月 12 日，海源公司因无法支付货款与 M 公司协商进行债务重组，双方商定 M 公司将该债权转为对海源公司的股权投资。10 月 20 日，M 公司办结了对海源公司的增资手续，海源公司和 M 公司分别支付手续费等相关费用 22.5 万元和 18 万元。债转股后海源公司总股本为 1 500 万元，M 公司持有的抵债股权占海源公司总股本的 25%，对海源公司具有重大影响，海源公司股权公允价值不能可靠计量。海源公司应付款项的账面价值也为 1 500 万元。

2×20 年 6 月 30 日，应收款项和应付款项的公允价值均为 1 275 万元。

2×20 年 8 月 12 日，应收款项和应付款项的公允价值均为 1 140 万元。

2×20 年 10 月 20 日，应收款项和应付款项的公允价值仍为 1 140 万元。

假定不考虑其他相关税费。

要求：

（1）写出 2×20 年 2 月 10 日至 10 月 20 日债权人的会计处理。

（2）写出 2×20 年 2 月 10 日至 10 月 20 日债务人的会计处理。

（答案中的金额单位用万元表示）

<解析>

扫码观看
视频解析

（1）债权人 M 公司的账务处理如下。

① 2×20 年 2 月 10 日：

借：交易性金融资产——成本   1 500

    贷：主营业务收入（或其他业务收入）   1 500

② 2×20 年 6 月 30 日：

借：公允价值变动损益   225（1 500−1 275）

    贷：交易性金融资产——公允价值变动   225

③ 2×20 年 8 月 12 日：

借：公允价值变动损益   135（1 275−1 140）

    贷：交易性金融资产——公允价值变动   135

④ 2×20 年 10 月 20 日，M 公司对海源公司长期股权投资的成本为应收款项公允价值 1 140 万元与相关税费 18 万元的合计 1 158 万元。

借：长期股权投资——海源公司   1 158

    交易性金融资产——公允价值变动   360

    贷：交易性金融资产——成本   1 500

         银行存款   18

（2）债务人海源公司的账务处理如下。

① 2×20 年 2 月 10 日：

借：原材料   1 500

    贷：应付账款   1 500

② 2×20 年 10 月 20 日，由于海源公司股权的公允价值不能可靠计量，初始确认权益工具公允价值应当按照所清偿债务的公允价值 1 140 万元计量，并扣除因发行权益工具支出的相关税费 22.5 万元。

借：应付账款	1 500
贷：实收资本	375
资本公积——资本溢价	742.5
银行存款	22.5
投资收益	360

模拟题 3·计算分析题

2×20 年 1 月 1 日，承租人甲公司就某栋建筑物的某 3 个楼层与出租人乙公司签订了为期 10 年的租赁协议，并拥有 5 年的续租选择权。有关资料如下：

（1）初始租赁期内的不含税租金为每年 1 500 万元，续租期间为每年 1 650 万元，所有款项应于每年年初支付；

（2）为获得该项租赁，甲公司发生的初始直接费用为 600 万元，其中，450 万元为向该楼层前任租户支付的款项，150 万元为向促成此租赁交易的房地产中介支付的佣金；

（3）作为对甲公司的激励，乙公司同意补偿甲公司 150 万元的佣金；

（4）在租赁期开始日，甲公司评估后认为，不能合理确定将行使续租选择权，因此，将租赁期确定为 10 年；

（5）甲公司无法确定租赁内含利率，其增量借款利率为每年 5%，该利率反映的是甲公司以类似抵押条件借入期限为 10 年、与使用权资产等值的相同币种的借款而必须支付的利率。

其他相关资料，假设不考虑相关税费影响，已知：(P/A，5%，9)＝7.107 82。

要求：

（1）编制承租人甲公司租赁期开始日相关会计分录。

（2）计算承租人甲公司 2×20 年至 2×25 年利息费用，编制 2×20 年、2×21 年相关会计分录。

（答案中的金额单位用万元表示）

<解析>

（1）计算甲公司租赁期开始日租赁付款额的现值，并确认租赁负债和使用权资产。

在租赁期开始日，由于每年年初支付租金，所以在支付第 1 年的租金 1 500 万元

扫码观看
视频解析

以后，剩余9年租金（每年1500万元）按5%的年利率折现后的现值计量租赁负债。

①剩余9期租赁付款额=1 500×9=13 500（万元）

②租赁负债=剩余9期租赁付款额的现值=1 500×（P/A，5%，9）=1 500×7.10782=10 661.73（万元）

③未确认融资费用=剩余9期租赁付款额（13 500）-剩余9期租赁付款额的现值（10 661.73）=2 838.27（万元）

④使用权资产=剩余9期租赁付款额的现值（10 661.73）+支付第1年租赁付款额（1 500）=12 161.73（万元）

借：使用权资产   12 161.73

  租赁负债——未确认融资费用   2 838.27

  贷：租赁负债——租赁付款额   13 500

    银行存款（第1年的租赁付款额）   1 500

⑤将初始直接费用计入使用权资产的初始成本。

借：使用权资产   600

  贷：银行存款   600

⑥将已收的租赁激励相关金额从使用权资产入账价值中扣除。

借：银行存款   150

  贷：使用权资产   150

综上，甲公司使用权资产的初始成本=12 161.73+600-150=12 611.73（万元）。

（2）甲公司2×20年至2×25年利息费用如下表所示：

2×20年至2×25年甲公司利息费用   单位：万元

时间	租赁负债年初余额 ①	租赁付款额 ②	利息费用 ③=（①-②）×5%	租赁负债年末余额 ④=①-②+③
2×20年年末	10 661.73	—	533.09	11 194.82
2×21年年末	11 194.82	1 500	484.74	10 179.56
2×22年年末	10 179.56	1 500	433.98	9 113.54
2×23年年末	9 113.54	1 500	380.68	7 994.22
2×24年年末	7 994.22	1 500	324.71	6 818.93
2×25年年末	6 818.93	1 500	265.95	5 584.88

（3）会计分录。

【提示】如果不要求填列表格，可以采用下列方法计算。

①2×20年年末未确认融资费用摊销额=［年初租赁付款额（13 500）-年初未确

认融资费用（2 838.27）]×5%＝533.09（万元）

借：财务费用——利息费用　　　　　　　　　　　　　　533.09
　　贷：租赁负债——未确认融资费用　　　　　　　　　　　　533.09

② 2×21年年初：

借：租赁负债——租赁付款额　　　　　　　　　　　　　1 500
　　贷：银行存款　　　　　　　　　　　　　　　　　　　　　1 500

2×21年年末未确认融资费用摊销额＝[（13 500－1 500）－（2 838.27－533.09）]×5%＝484.74（万元）

借：财务费用——利息费用　　　　　　　　　　　　　　484.74
　　贷：租赁负债——未确认融资费用　　　　　　　　　　　　484.74

模拟题4·计算分析题

2×19年12月31日，甲公司与乙公司签订了一份租赁合同，从乙公司租入某大型机器设备。

（1）租赁合同主要条款如下：

①租赁资产：X型机器设备。

②租赁期开始日：2×20年1月1日；租赁期：2×20年1月1日至2×25年12月31日，共6年。

③固定租金支付：自2×20年1月1日，每年年末支付租金1 040万元。如果甲公司能够在每年年末的最后一天及时付款，则给予减少租金65万元的奖励。

④取决于指数或比率的可变租赁付款额：租赁期限内，如遇中国人民银行贷款基准利率调整，出租人将对租赁利率作出同方向、同幅度的调整。基准利率调整日之前各期和调整日当期租金不变，从下一期租金开始按调整后的租金金额收取。

⑤租赁开始日租赁资产的公允价值：该机器设备在2×19年12月31日的公允价值为4 550万元，账面价值为3 900万元。

⑥初始直接费用：签订租赁合同过程中，乙公司发生可归属于租赁项目的手续费、佣金65万元。

⑦承租人的购买选择权：租赁期届满时，甲公司享有优惠购买该机器设备的选择权，购买价为130万元，估计该日租赁资产的公允价值为520万元。

⑧取决于租赁资产绩效的可变租赁付款额：2×21年和2×22年两年，甲公司每年按该机器设备所生产的产品——全自动成套机器的年销售收入的10%向乙公司支付。

⑨ 承租人的终止租赁选择权：甲公司享有终止租赁选择权。在租赁期间，如果甲公司终止租赁，需支付的款项为剩余租赁期间的固定租金支付金额。

⑩ 担保余值和未担保余值均为 0。

⑪ X 型机器设备的使用寿命为 7 年。

（2）假设 2×21 年和 2×22 年，甲公司分别实现该机器设备生产的产品年销售收入 6 500 万元和 13 000 万元。根据租赁合同，乙公司 2×21 年和 2×22 年应向甲公司收取的与销售收入挂钩的租金分别为 650 万元和 1 300 万元。

（3）租赁期届满时承租人行使了购买权，乙公司实际收到 130 万元。

（P/F，7%，6）= 0.6663，（P/A，7%，6）= 4.7665，（P/F，8%，6）= 0.6302，（P/A，8%，6）= 4.6229。

要求：根据以上资料编制出租人乙公司相关会计分录。

（答案中的金额单位以万元表示）

扫码观看
视频解析

＜解析＞

（1）判断租赁类型。

① 存在优惠购买选择权：优惠购买价 130 万元远低于行使选择权日租赁资产的公允价值 520 万元，即购买价格 130 万元仅为公允价值的 25%（远低于公允价值 520 万元），因此在 2×19 年 12 月 31 日就可合理确定甲公司将会行使这种选择权。

② 租赁期 6 年，占租赁开始日租赁资产使用寿命的 85.71%（6/7 = 85.71%）≥ 75%，占租赁资产使用寿命的大部分。

③ 乙公司综合考虑其他各种情形和迹象，认为该租赁实质上转移了与该机器设备所有权有关的几乎全部风险和报酬，因此将这项租赁认定为融资租赁。（注：考试时只需答出一点即可）

（2）确定租赁收款额。

① 固定付款额扣除租赁激励后的金额 =（1 040-65）×6 = 5 850（万元）

② 取决于指数或比率的可变租赁付款额。该款项在初始计量时根据租赁期开始日的指数或比率确定，因此在租赁期开始日不作考虑。

③ 承租人购买选择权的行权价格。

租赁期届满时，甲公司享有优惠购买该机器设备的选择权，购买价为 130 万元，估计该日租赁资产的公允价值为 520 万元。优惠购买价 130 万元远低于行使选择权日租赁资产的公允价值，因此在 2×19 年 12 月 31 日就可合理确定甲公司将会行使这种选择权。

结论：租赁付（收）款额中应包括承租人购买选择权的行权价格 130 万元。

④ 终止租赁的罚款。

虽然甲公司享有终止租赁选择权，但若终止租赁，甲公司需支付的款项为剩余租赁期间的固定租金支付金额。

结论：根据上述条款，可以合理确定甲公司不会行使终止租赁选择权。

⑤ 由承租人向出租人提供的担保余值：甲公司向乙公司提供的担保余值为 0 元。

综上所述：

"应收融资租赁款——租赁收款额"明细科目初始确认金额=5 850（确定租赁收款额第①项）+130（确定租赁收款额第③项）=5 980（万元）

（3）确认租赁投资总额。

租赁投资总额=出租人应收的租赁收款额（5 980）+未担保余值（0）=5 980（万元）

（4）确认租赁投资净额的金额和未实现融资收益。

"应收融资租赁款"总账科目初始确认金额（租赁投资净额）=租赁资产在租赁开始日公允价值（4 550）+出租人发生的租赁初始直接费用（65）=4 615（万元）

"应收融资租赁款——未实现融资收益"明细科目初始确认金额=租赁投资总额（5 980）-租赁投资净额（4 615）=1 365（万元）

（5）计算租赁内含利率。

租赁内含利率是使租赁投资总额的现值 4 615 万元（即租赁投资净额）等于租赁资产在租赁开始日的公允价值与出租人的初始直接费用之和的利率。

列出如下算式：

$(1\ 040-65)\times(P/A，r，6)+130\times(P/F，r，6)=4\ 615$

插值法计算得到租赁的内含利率为 7.82%。

（6）2×20 年 1 月 1 日：

借：应收融资租赁款——租赁收款额　　　　　　　　　　5 980

　　贷：银行存款　　　　　　　　　　　　　　　　　　　　　　65

　　　　融资租赁资产　　　　　　　　　　　　　　　　　　3 900

　　　　资产处置损益　　　　　　　　　　　　650（4 550-3 900）

　　　　应收融资租赁款——未实现融资收益　　　　　　　　1 365

（7）出租人计算租赁期内各期的利息收入。

日期	确认的利息收入 ①=期初③×7.82%	租赁收款额 ②	租赁投资净额余额 期末③=期初③+①-②
2×20年1月1日			4 615
2×20年12月31日	360.89	975	4 000.89
2×21年12月31日	312.87	975	3 338.76
2×22年12月31日	261.09	975	2 624.85
2×23年12月31日	205.26	975	1 855.11
2×24年12月31日	145.07	975	1 025.18
2×25年12月31日	79.82*	975	130
2×25年12月31日		130	
合计	1 365	5 980	

注：* 尾数调整 79.82=975+130-1 025.18

2×20年12月31日收到第1期租金时：

借：银行存款 975

　　贷：应收融资租赁款——租赁收款额 975

未实现融资收益摊销额=［年初租赁收款额（5 980）-年初未实现融资收益（1 365）］×7.82%=360.89（万元）

借：应收融资租赁款——未实现融资收益 360.89

　　贷：租赁收入 360.89

2×21年12月31日收到第2期租金：

借：银行存款 975

　　贷：应收融资租赁款——租赁收款额 975

未实现融资收益摊销额=［（5 980-975）-（1 365-360.89）］×7.82%=312.87（万元）

借：应收融资租赁款——未实现融资收益 312.87

　　贷：租赁收入 312.87

（8）收取与销售收入挂钩的租金。

2×21年收取租金：

借：银行存款（或应收账款） 650

　　贷：租赁收入 650（6 500×10%）

2×22年收取租金：

借：银行存款（或应收账款） 1 300

　　贷：租赁收入 1 300（13 000×10%）

（9）租赁期届满时：

借：银行存款　　　　　　　　　　　　　　　　　　　130

　　贷：应收融资租赁款——租赁收款额　　　　　　　　　　　130

模拟题 5·计算分析题

2×18 年 12 月 31 日，GD 公司对下列资产进行减值测试，有关资料如下：

资料一

对商誉进行减值测试。该商誉为 2×18 年 1 月 1 日 GD 公司以银行存款 1 800 万元购买 C 公司 60% 股权形成的，GD 公司与 C 公司不存在关联方关系。在购买日，C 公司可辨认净资产的公允价值与账面价值均为 2 500 万元，其中，股本为 1 000 万元，资本公积为 500 万元，盈余公积为 100 万元，未分配利润为 900 万元。假定没有负债和或有事项确认的预计负债，C 公司拥有 A、B 和 C 三部机器，这三部机器构成一条生产线，各机器均无法单独产生现金流量，但整条生产线构成完整的产销单位，属于一个资产组。

资料二

2×18 年年末，确定包含商誉在内的 C 公司的可收回金额为 2 200 万元，可辨认净资产的账面价值为 2 600 万元，其中，A、B、C 三部机器的账面价值分别为 780 万元、1 300 万元和 520 万元，采用直线法计提折旧。C 公司可辨认净资产不存在减值迹象。

资料三

各机器设备的公允价值减去处置费用后的净额均难以确定，且只可以可靠确定 A 机器的预计未来现金流量的现值为 700 万元。

要求：

（1）计算 2×18 年 12 月 31 日合并财务报表中应确认的商誉的减值准备金额，并编制相关会计分录。

（2）计算 2×18 年 12 月 31 日资产组及其各组成部分应计提的减值准备金额，并编制相关会计分录；将上述相关数据填列在下表内。

（答案中的金额单位用万元表示）

资产组减值损失分摊表　　　　　　　　　　　单位：万元

项目	A 机器	B 机器	C 机器	整个生产线（资产组）
账面价值				
减值损失				

（续表）

项目	A 机器	B 机器	C 机器	整个生产线（资产组）
减值损失分摊比例				
分摊减值损失				
分摊后账面价值				
尚未分摊的减值损失				
二次分摊比例				
二次分摊减值损失				
二次分摊后应确认减值损失总额				
二次分摊后账面价值				

<知识点>

商誉减值、资产组减值

<解析>

（1）商誉期末无论是否存在减值迹象，都应当进行减值测试。

① 总商誉价值 =（1 800-2 500×60%）÷60% = 500（万元）

② 该资产组（含商誉）的账面价值 = 2 600+500 = 3 100（万元）

③ 该资产组的减值损失 = 3 100-2 200 = 900（万元）

根据上述计算结果，总共发生减值损失 900 万元，应当冲减商誉价值的账面价值 500 万元，然后再将剩余部分 400 万元在 C 公司资产组中所包含的资产中分摊。

① 合并财务报表中应确认的商誉减值金额为 300 万元（500×60%）。

② 剩余的 400 万元（900-500）减值损失应作为 C 公司可辨认净资产的减值损失。

借：资产减值损失　　　　　　　　　　　　　　　　　　300

　　　贷：商誉——商誉减值准备　　　　　　　　　　　300

（2）

扫码观看
视频解析

资产组减值损失分摊表

单位：万元

项目	A 机器	B 机器	C 机器	整个生产线（资产组）
账面价值	780	1 300	520	2 600
减值损失	—	—	—	400
减值损失分摊比例	30%	50%	20%	—
分摊减值损失	80	200	80	360
分摊后账面价值	700	1 100	440	—
尚未分摊的减值损失	—	—	—	40
二次分摊比例	—	71.43%	28.57%	—

（续表）

项目	A 机器	B 机器	C 机器	整个生产线（资产组）
二次分摊减值损失	—	28.57	11.43	40
二次分摊后应确认减值损失总额	—	228.57	91.43	—
二次分摊后账面价值	700	1 071.43	428.57	2 200

借：资产减值损失——A 机器　　　　　　　　　　80

　　　　　　　　——B 机器　　　　　　　　　228.57

　　　　　　　　——C 机器　　　　　　　　　 91.43

　　贷：固定资产减值准备　　　　　　　　　　　　　　400

模拟题 6·计算分析题

华东公司为购建新厂房发生有关经济业务如下：

（1）2×18 年 1 月 1 日从银行取得专门借款用于建造厂房，专门借款本金 6 000 万元，借款期限为 2 年，年利率为 8%，每年付息到期还本。

（2）2×18 年 1 月 1 日从银行取得一般借款 9 000 万元，借款期限为 2 年，年利率为 6%，每年付息到期还本。

2×18 年 4 月 1 日从银行取得一般借款 3 600 万元，借款期限为 3 年，年利率为 5%，每年付息到期还本。

（3）2×18 年发生有关业务如下：①1 月 1 日，工程正式动工兴建；并且支付工程进度款 5 000 万元；②2 月 1 日，支付工程进度款 3 160 万元；③3 月 1 日，支付工程进度款 5 400 万元；④4 月 1 日，因工程发生重大安全事故而停工；⑤8 月 1 日，工程重新开工；⑥10 月 1 日，支付工程进度款 1 440 万元。

（4）2×19 年发生有关业务如下：①1 月 1 日，支付工程进度款 960 万元；②3 月 1 日，支付工程进度款 1 440 万元；③5 月 1 日，支付工程进度款 1 080 万元；④7 月 1 日，支付工程进度款 120 万元。

（5）2×19 年 9 月 30 日，工程完工达到预定可使用状态。

（6）华东公司按年计算应予资本化的利息金额（每年按照 360 天计算，每月按照 30 天计算）。闲置专门借款资金均存入银行，假定存款年利率为 3.3%，并按月于年末收取利息。计算结果保留两位小数。

要求：

（1）计算 2×18 年和 2×19 年专门借款利息资本化金额。

（2）计算 2×18 年和 2×19 年一般借款利息资本化金额。

（3）编写 2×18 年和 2×19 年利息费用确认的会计分录。

（答案中的金额单位用万元表示）

知识点
专门借款、一般借款

＜解析＞

本题中 2×18 年资本化期间为 1 月至 3 月以及 8 月至 12 月合计 8 个月，剩余 4 个月（4 月、5 月、6 月、7 月）为费用化期间。2×19 年 1 月至 9 月为资本化期间，9 月底达到预定可使用状态，停止资本化。

（1）2×18 年专门借款利息资本化金额 = $6\,000 \times 8\% \times 8/12 - 1\,000 \times 3.3\% \times 1/12 = 317.25$（万元）

2×19 年专门借款利息资本化金额 = $6\,000 \times 8\% \times 9/12 = 360$（万元）

（2）2×18 年一般借款资本化率 = $(9\,000 \times 6\% \times 12/12 + 3\,600 \times 5\% \times 9/12)/(9\,000 \times 12/12 + 3\,600 \times 9/12) = 5.77\%$

2×18 年一般借款累计支出加权平均数 = $(3\,160 - 1\,000) \times 7/12 + 5\,400 \times 6/12 + 1\,440 \times 3/12 = 4\,320$（万元）

2×18 年一般借款利息资本化金额 = $4\,320 \times 5.77\% = 249.26$（万元）

2×19 年一般借款资本化率 = $(9\,000 \times 6\% + 3\,600 \times 5\%)/(9\,000 + 3\,600) \times 100\% = 5.71\%$

2×19 年一般借款累计支出加权平均数 = $[(8\,160 - 6\,000) + 5\,400 + 1\,440 + 960] \times 9/12 + 1\,440 \times 7/12 + 1\,080 \times 5/12 + 120 \times 3/12 = 8\,790$（万元）

2×19 年一般借款利息资本化金额 = $8\,790 \times 5.71\% = 501.91$（万元）

（3）2×18 年（1 月至 12 月）账务处理如下。

① 专门借款利息费用处理：

借：在建工程　　　　　　317.25（$6\,000 \times 8\% \times 8/12 - 1\,000 \times 3.3\% \times 1/12$）

　　财务费用　　　　　　160（$6\,000 \times 8\% \times 4/12$）

　　应收利息　　　　　　2.75（$1\,000 \times 3.3\% \times 1/12$）

　　贷：应付利息　　　　　　480（$6\,000 \times 8\%$）

② 一般借款利息费用处理：

借：在建工程　　　　　　　　　　　　249.26

　　财务费用　　　　　　　　　　　　425.74

　　贷：应付利息　　　　675（$9\,000 \times 6\% + 3\,600 \times 5\% \times 9/12$）

2×19 年（1 月至 9 月）账务处理如下。

① 专门借款利息费用处理：

借：在建工程   360（6 000×8%×9/12）

    贷：应付利息   360

② 一般借款利息费用处理：

借：在建工程   501.91

    财务费用   38.09

    贷：应付利息   540（9 000×6%＋3 600×5%）×9/12

模拟题 7·计算分析题

国内甲公司的记账本位币是人民币，该公司在境外有一子公司乙公司，乙公司确定的记账本位币为美元。根据合同约定，甲公司拥有乙公司 70% 的股权，并能控制乙公司。甲公司采用当期平均汇率折算乙公司利润表项目。乙公司的资料如下：

2×18 年 12 月 31 日的汇率为 1 美元＝6.92 元人民币，2×18 年平均汇率为 1 美元＝6.8 元人民币。实收资本发生日的即期汇率为 1 美元＝6.9 元人民币。

已知乙公司按净利润的 10% 提取盈余公积。

利润表摘要   单位：万元

项目	期末数（美元）	折算汇率	折算为人民币金额
一、营业收入	4 000		
二、营业利润	1 216		
三、利润总额	1 200		
减：所得税费用	300		
四、净利润	900		①

所有者权益变动表摘要   单位：万元

项目	实收资本			盈余公积			未分配利润		其他综合收益	股东权益合计
	美元	折算汇率	人民币	美元	折算汇率	人民币	美元	人民币	人民币	人民币
一、本年初余额	4 800		②	960	—	6 528	1 920	13 200		③
二、本年增减变动金额										
（一）净利润							900	①		
（二）其他综合收益										

（续表）

项目	实收资本			盈余公积			未分配利润		其他综合收益	股东权益合计
	美元	折算汇率	人民币	美元	折算汇率	人民币	美元	人民币	人民币	人民币
其中：外币报表折算差额									⑨	⑨
（三）利润分配										
提取盈余公积				90		④	-90	⑥		
三、本年末余额	4 800		②	1 050		⑤	2 370	⑦	⑨	⑧

资产负债表摘要　　　　　　　　　　单位：万元

资产	期末数（美元）	折算汇率	折算的人民币	负债及所有者权益	期末数（美元）	折算汇率	折算的人民币
货币资金	240			应付账款	3 200		
应收账款	980			负债合计	3 200		
存货	2 440			实收资本	4 800		②
长期应收款	160			盈余公积	1 050		⑤
固定资产	3 800			未分配利润	2 730		⑦
长期股权投资	4 160			其他综合收益			⑨
资产合计	11 780			所有者权益合计	8 580		⑧

要求：请把上述表中的①~⑨的数字填列完整。（答案中的金额单位用万元表示）

<解析>

利润表摘要　　　　　　　　　　单位：万元

项目	期末数（美元）	折算汇率	折算为人民币金额
一、营业收入	4 000		
二、营业利润	1 216	6.8	
三、利润总额	1 200		
减：所得税费用	300		
四、净利润	900		① 6 120

知识点

外币报表折算

所有者权益变动表摘要   单位：万元

扫码观看
视频解析

项目	实收资本			盈余公积			未分配利润		其他综合收益	股东权益合计
	美元	折算汇率	人民币	美元	折算汇率	人民币	美元	人民币	人民币	人民币
一、本年初余额	4 800	6.9	② 33 120	960	—	6 528	1 920	13 200		③ 52 848
二、本年增减变动金额										
（一）净利润							900	① 6 120		
（二）其他综合收益										
其中：外币报表折算差额									⑨ 405.6	⑨ 405.6
（三）利润分配										
提取盈余公积				90	6.8	④ 612	−90	⑥ 612		
三、本年末余额	4 800		② 33 120	1 050		⑤ 7 140	2 370	⑦ 18 708	⑨ 405.6	⑧ 59 373.6

资产负债表摘要   单位：万元

资产	期末数（美元）	折算汇率	折算的人民币	负债及所有者权益	期末数（美元）	折算汇率	折算的人民币
货币资金	240			应付账款	3 200		
应收账款	980			负债合计	3 200	6.92	22 144
存货	2 440			实收资本	4 800		② 33 120
长期应收款	160			盈余公积	1 050		⑤ 7 140
固定资产	3 800			未分配利润	2 730		⑦ 18 708
长期股权投资	4 160			其他综合收益			⑨ 405.6
资产合计	11 780	6.92	81 517.6	所有者权益合计	8 580		⑧ 59 373.6

 模拟题 8 · 计算分析题

华东公司 2×17 年、2×18 年有关资料如下：

资料一

2×17 年年末，华东公司在对外购专利权的账面价值进行检查时，发现市场上已存在类似专利技术所生产的产品，从而对华东公司产品的销售造成重大不利影响。该专利权的原入账价值为 6 000 万元，已累计摊销 2 000 万元（包括 2×17 年摊销额），该无形资产按直线法进行摊销。该专利权的摊余价值为 4 000 万元，剩余摊销年限为 10 年。按 2×17 年年末的技术市场的行情，如果甲企业将该专利权予以出售，则在扣除发生的律师费后，可以获得 3 600 万元。但是，如果华东公司打算继续利用该专利权进行产品生产，则在未来 5 年内预计可以获得的未来现金流量的现值为 3 000 万元（假定使用年限结束时处置收益为零）。

2×18 年 1 月 1 日，华东公司与 A 公司签署协议，决定在 6 个月内将上述专利权转让给 A 公司。初步议定转让价格为 3 550 万元，预计出售费用为 10 万元。该专利权当前状态可立即出售。

2×18 年 6 月，华东公司将该专利权正式出售给 A 公司，价款为 3 500 万元，出售费用为 10 万元，款项已收到并存入银行。

资料二

2×18 年 3 月 1 日，华东公司购入乙公司全部股权，支付价款 2 400 万元。购入该股权之前，华东公司的管理层已经做出决议，一旦购入乙公司，将在一年内将其出售给丙公司，乙公司当前状况下可立即出售。预计华东公司还将为出售该子公司支付 18 万元的出售费用。华东公司与丙公司尚未议定股权转让价格，购买日股权公允价值与支付价款一致，计划于 2×18 年 3 月 31 日签署股权转让合同。

2×18 年 3 月 31 日，华东公司与丙公司签订合同，转让所持有乙公司的全部股权，转让价格为 2 410 万元，华东公司预计还将支付 18 万元的出售费用。

2×18 年 6 月 25 日，华东公司为转让乙公司的股权支付出售费用 7 万元，6 月 29 日，华东公司收到转让价款 2 410 万元。

资料三

华东公司计划处置其一组资产，处置组公允价值减去出售费用后的净额为 7 800 万元。相关资料如下表所示。

资产账面价值 单位：万元

项目	划分为持有待售之前报告日的账面价值	划归为持有待售前重新计量的账面价值
其他权益工具投资	1 080	900
商誉	9 00	900
固定资产	2 760	2 400
无形资产	3 420	3 420

（续表）

项目	划分为持有待售之前 报告日的账面价值	划归为持有待售前重 新计量的账面价值
存货	1 440	1 320
合计	9 600	8 940

其他相关资料：不考虑增值税、所得税等相关税费。

要求：

（1）根据资料一，确定 2×17 年年末无形资产的可收回金额并说明理由。计算 2×17 年末计提无形资产减值准备的金额并编制会计分录。编制 2×18 年与该专利权相关的会计分录。

（2）根据资料二，编制华东公司 2×18 年 3 月 1 日至 2×18 年 6 月 25 日有关会计分录。

（3）根据资料三，填列下表。

资产账面价值
单位：万元

项目	划归为持有待售前 重新计量的账面价值	分配的减值损失	减值损失分配 后的账面金额
商誉			
固定资产			
无形资产			
存货			
以公允价值计量且其变动计 入当期损益的金融资产			
合计			

（答案中的金额单位用万元表示）

＜解析＞

（1）根据资料一：

① 2×17 年年末无形资产可收回金额为 3 600 万元。筛选标准："公允价值减去处置费用后的净额"与"未来现金流量现值"孰高。

② 2×17 年无形资产减值测试的原则是"账面价值与可收回金额孰低"，故此发生减值 400 万元。

借：资产减值损失   400

  贷：无形资产减值准备   400

知识点
持有待售的非
流动资产及处
置组

③2×18 年无须摊销。

2×18 年 1 月 1 日：

借：持有待售资产——无形资产   3 600

  累计摊销   2 000

  无形资产减值准备   400

  贷：无形资产   6 000

借：资产减值损失   60〔3 600-（3 550-10）〕

  贷：持有待售资产减值准备   60

2×18 年 6 月：

扫码观看
视频解析

借：银行存款   3 490（3 500-10）

  资产处置损益   50

  持有待售资产减值准备   60

  贷：持有待售资产——无形资产   3 600

（2）根据资料二：

①2×18 年 3 月 1 日：

乙公司是华东公司专为转售而取得的子公司，其不划分为持有待售类别情况下的初始计量金额为 2 400 万元，当日公允价值减去出售费用后的净额为 2 382 万元（2 400-18），按照二者孰低计量。购入股权的会计处理：

借：持有待售资产——长期股权投资   2 382

  资产减值损失   18

  贷：银行存款   2 400

②2×18 年 3 月 31 日：

华东公司持有的乙公司的股权公允价值减去出售费用后的净额为 2 392 万元（2 410-18），账面价值为 2 382 万元，以二者孰低计量，华东公司不需要进行账务处理。

③2×18 年 6 月 25 日：

借：投资收益   7

  贷：银行存款   7

借：银行存款   2 410

  贷：持有待售资产——长期股权投资   2 382

    投资收益   28

（3）华东公司计量处置组公允价值减去出售费用后的净额为 7 800 万元，在划归为持有待售时，华东公司应确认 1 140 万元（8 940-7 800）的减值损失，该部分减值损失符合条件时可以转回（但是商誉的减值损失不允许转回）。减值损失应分配至持有待售准则所适用的非流动资产。首先，减值损失减少商誉的金额；其次，剩余的损失根据资产账面金额按比例分配（如下表所示）。

资产账面价值   单位：万元

项目	划归为持有待售前重新计量的账面价值	分配的减值损失	减值损失分配后的账面金额
其他权益工具投资	900	0	900
商誉	900	900	0
固定资产	2 400	98.97	2 301.3
无形资产	3 420	141.03	3 278.97
存货	1 320	0	1 320
合计	8 940	1 140	7 800

▶▶ 答题方法论

1. 高频考点总结

本专题在历年真题中的高频、中频、低频考点，如表 16 所示。

表 16　次重点主观题考点分频

考点	内容
高频考点	专门借款和一般借款的借款费用资产化计算、持有待售的非流动性资产及处置组和终止经营，租赁账务处理、债务重组账务处理
中频考点	总部资产减值、资产组减值、商誉减值
低频考点	外币折算（主观题低频，客观题高频）

2. 答题技巧

本专题共介绍了六个考点，具体解题技巧，如表 17 所示。

表 17　六个考点的答题策略

考点	策略
考点一：总部资产减值、资产组减值、商誉减值	商誉减值测试时，注意商誉承担损失是按照全额承担（母公司股东和少数股东享有的商誉总数），但是商誉确认损失是按照部分确认（母公司股东享有的商誉部分）

（续表）

考点	策略
考点二：专门借款和一般借款的借款费用资本化计算	一笔专门借款+两笔一般借款，注意占用借款的顺序为先占用专门借款再占用一般借款（专门借款与一般借款有顺序可言，一般借款之间无顺序），一般借款无须考虑闲置资金收益
考点三：外币报表折算	资产负债表：资产项目、负债项目→期末即期汇率，所有者权益项目→除未分配利润外用发生时即期汇率，产生的折算差额最终计入合并资产负债表的"其他综合收益"项目。 利润表：所有项目→发生时即期汇率或者即期汇率的近似汇率（本年平均汇率）。
考点四：持有待售的非流动资产、处置组	（1）划分为持有待售类别前的计量： 按照相关会计准则规定计量非流动资产或处置组中各项资产和负债的账面价值。 （2）划分为持有待售类别时的计量： 减值测试（若"账面价值>公允价值-出售费用"，即为减值）。 （3）划分为持有待售类别后的计量： ①持有待售非流动资产：期末进一步减值测试，计提减值或者减值转回（允许划分为持有待售后的减值转回，但是不允许转回划分为持有待售前的减值转回）； ②持有待售处置组：期末进一步减值测试，计提减值或者减值转回，对于包含商誉的处置组，应当先由商誉承担损失，再分摊至本节所规范的非流动资产（允许划分为持有待售后的减值转回，但是商誉的减值与划分为持有待售前的减值不允许转回）
考点五：债务重组的账务处理	（1）以资产清偿债务； （2）将债务转为权益工具进行债务重组； （3）修改其他条款方式进行债务重组； （4）以组合方式进行债务重组
考点六：租赁业务的账务处理	（1）承租人的账务处理； （2）出租人的账务处理； （3）特殊租赁业务的账务处理

专题七

前期差错更正

考情分析 ▼

前期差错更正

专题特点 本专题的综合性最强，几乎可以与教材任何一章关联，历年考试考查金融资产、收入、职工薪酬的前期差错更正的业务题较多

呈现形式 以计算分析题、综合题的形式考查，因历年前期差错更正经典试题涉及较多已过时的考点，故选取部分可用试题题干

分值分配 分值约18分，通常结合其他章节出1道综合题

答题技巧 更正分录不等同于正确分录

难易程度 ★★★

专题概况
了解一下

▶▶ 经典试题及解析

经典试题 1·综合题

甲股份有限公司（以下简称甲公司）的注册会计师在对其2×13年财务报表进行审计时，就以下事项的会计处理与甲公司管理层进行沟通：

（1）2×13年12月，甲公司收到财政部门拨款2 000万元，系对甲公司2×13年执行国家计划内政策价差的补偿。甲公司A商品单位售价为5万元/台，成本为2.5万元/台，但在纳入国家计划内政策体系后，甲公司对国家规定范围内的用户销售A商品的售价为3万元/台，国家财政给予2万元/台的补贴。2×13年，甲公司共销售政策范围内A商品1 000件。对于政府补助行为采用总额法处理，甲公司对该事项的会计处理如下（会计分录中的金额单位为万元，下同）：

借：应收账款　　　　　　　　　　　　　　　　　　3 000
　　贷：主营业务收入　　　　　　　　　　　　　　　　　　3 000
借：主营业务成本　　　　　　　　　　　　　　　　　2 500
　　贷：库存商品　　　　　　　　　　　　　　　　　　　　2 500
借：银行存款　　　　　　　　　　　　　　　　　　2 000
　　贷：其他收益　　　　　　　　　　　　　　　　　　　　2 000

（2）2×13年，甲公司尝试通过中间商扩大B商品市场占有率。甲公司与中间商签订的合同分为两类。第一类合同约定：甲公司按照中间商要求发货，中间商按照甲公司确定的售价3 000元/件对外出售，双方按照实际售出数量定期结算，未售出商品由甲公司收回，中间商就所销售B商品收取提成费200元/件；该类合同下，甲公司2×13年共发货1 000件，中间商实际售出800件。第二类合同约定：甲公司按照中间商要求的时间和数量发货，甲公司出售给中间商的价格为2 850元/件，中间商对外出售的价格自行确定，未售出商品由中间商自行处理；该类合同下，甲公司2×13年共向中间商发货2 000件。甲公司向中间商所发送B商品数量、质量均符合合同约定，成本为2 400元/件。甲公司对上述事项的会计处理如下：

借：应收账款　　　　　　　　　　　　　　　　　　　870
　　贷：主营业务收入　　　　　　　　　　　　　　　　　　　870
借：主营业务成本　　　　　　　　　　　　　　　　　720
　　贷：库存商品　　　　　　　　　　　　　　　　　　　　720

借：销售费用　　　　　　　　　　　　　　　　　　　　　　　　　20

　　贷：应付账款　　　　　　　　　　　　　　　　　　　　　　　　20

（3）2×13年6月，董事会决议将甲公司生产的一批C商品作为职工福利发放给部分员工。该批C商品的成本为3 000元/件，市场售价为4 000元/件。受该项福利计划影响的员工包括：中高层管理人员200人、甲公司正在进行的某研发项目相关人员50人，甲公司向上述员工每人发放1件C商品。研发项目已进行至后期开发阶段，甲公司预计能够形成无形资产，截至2×13年12月31日，该研发项目仍在进行中。甲公司进行的会计处理如下：

借：管理费用　　　　　　　　　　　　　　　　　　　　　　　　　75

　　贷：库存商品　　　　　　　　　　　　　　　　　　　　　　　　75

（4）2×13年7月，甲公司一未决诉讼结案。法院判定甲公司承担损失赔偿责任3 000万元。该诉讼事项源于2×12年9月一竞争对手提起的对甲公司的诉讼，编制2×12年财务报表期间，甲公司曾在法院的调解下，与原告方达成初步和解意向。按照该意向，甲公司需向对方赔偿1 000万元，甲公司据此在2×12年确认预计负债1 000万元。2×13年，原告方控股股东变更，新的控股股东认为原调解决定不合理，不再承认原初步和解相关事项，向法院请求继续原法律程序。因实际结案时需赔偿金额与原确认预计负债的金额差别较大，甲公司于2×13年进行了以下会计处理：

借：以前年度损益调整　　　　　　　　　　　　　　　　　　2 000

　　贷：预计负债　　　　　　　　　　　　　　　　　　　　　2 000

借：盈余公积　　　　　　　　　　　　　　　　　　　　　　　200

　　利润分配——未分配利润　　　　　　　　　　　　　　　1 800

　　贷：以前年度损益调整　　　　　　　　　　　　　　　　　2 000

其他相关资料：假定本题中有关事项均具有重要性，不考虑相关税费及其他因素。甲公司按照净利润的10%提取法定盈余公积，不提取任意盈余公积。

要求：判断甲公司对事项（1）至事项（4）的会计处理是否正确，并说明理由。对于甲公司会计处理不正确的，编制更正2×13年度财务报表相关项目的会计分录。

（答案中的金额单位用万元表示）

〈解析〉

（1）甲公司对事项（1）的会计处理不正确。

理由：甲公司自财政部门取得的款项不属于政府补助，该款项与具有明确商业实质的交易相关，不是公司自国家无偿取得的现金流入，应作为企业正常销售价款的一部分。

更正分录如下：

借：其他收益　　　　　　　　　　　　　　　　　　　　　2 000
　　贷：营业收入（主营业务收入）　　　　　　　　　　　　　　2 000

（2）甲公司对事项（2）的会计处理不正确。

理由：第一类合同本质上属于收取手续费方式的委托代销，在中间商未对外实际销售前，与所转移商品所有权相关的风险和报酬并未实际转移，不能确认收入，也不能确认与未销售商品相关的手续费。

更正分录如下：

借：存货（发出商品）　　　　　　　　　　　　　　　　　　48
　　贷：营业成本（主营业务成本）　　　　　　　　　　　　　　48
借：营业收入（主营业务收入）　　　　　　　　　　　　　　60
　　贷：应收账款　　　　　　　　　　　　　　　　　　　　　60
借：应付账款　　　　　　　　　　　　　　　　　　　　　　4
　　贷：销售费用　　　　　　　　　　　　　　　　　　　　　4

（3）甲公司对事项（3）的会计处理不正确。

理由：以自产产品用于职工福利，应按照产品的售价确认收入，同时确认应付职工薪酬。并且，应按照员工服务的受益对象进行分配，服务于研发项目人员相关的部分应计入所研发资产的成本。

更正分录如下：

借：开发支出（研发支出——资本化支出）　　20（50×0.4）
　　研发费用（管理费用）　　　　　　　　　80（200×0.4）
　　　贷：应付职工薪酬　　　　　　　　　　　　　　　　　100
借：应付职工薪酬　　　　　　　　　　　　　100
　　贷：营业收入（主营业务收入）　　　　　　　　　　　　　100
借：营业成本（主营业务成本）　　　　　　　75
　　贷：研发费用（管理费用）　　　　　　　　　　　　　　　75

（4）甲公司对事项（4）的会计处理不正确。

理由：甲公司在编制2×12年财务报表时，按照当时初步和解意向确认的1 000万元预计负债不存在会计差错。后因情况变化导致法院判决结果与原预计金额存在的差额属于新发生情况，所承担损失的金额与原预计负债之间的差额应计入发生当期损益，不应追溯调整以前期间。

更正分录如下：

借：营业外支出   2 000

  贷：盈余公积   200

    利润分配——未分配利润   1 800

经典试题 2·综合题

注册会计师在对甲公司 2×18 年度财务报表进行审计时，关注到甲公司对前期财务报表进行了追溯调整，具体情况如下：

（1）甲公司 2×17 年 1 月 1 日开始进行某项新技术的研发，截至 2×17 年 12 月 31 日，累计发生研究支出 300 万元，开发支出 200 万元。在编制 2×17 年度财务报表时，甲公司考虑到相关技术尚不成熟，能否带来经济利益尚不确定，将全部研究和开发费用均计入当期损益。2×18 年 12 月 31 日，相关技术的开发取得重大突破，管理层判断其未来能够带来远高于研发成本的经济利益流入，且甲公司有技术、财务和其他资源支持其最终完成该项目。

甲公司将本年发生的原计入管理费用的研发支出 100 万元全部转入"开发支出"项目，并对 2×17 年已费用化的研究和开发支出进行了追溯调整，相关会计处理如下（会计分录中的金额单位为万元，下同）：

借：研发支出——资本化支出   600

  贷：以前年度损益调整   500

    管理费用   100

（2）甲公司 2×17 年度因合同纠纷被起诉。在编制 2×17 年度财务报表时，该诉讼案件尚未判决，甲公司根据法律顾问的意见，按最可能发生的赔偿金额 100 万元确认了预计负债。2×18 年 7 月，法院判决甲公司赔偿原告 150 万元。甲公司决定接受判决，不再上诉。据此，甲公司相关会计处理如下：

借：以前年度损益调整   50

  贷：预计负债   50

（3）甲公司某项管理用固定资产系 2×15 年 6 月 30 日购入并投入使用，该设备原值 1 200 万元，预计使用年限 12 年，预计净残值为零，按年限平均法计提折旧。2×18 年 6 月，市场出现更先进的替代资产，管理层重新评估了该资产的剩余使用年限，预计其剩余使用年限为 6 年，预计净残值仍为零（折旧方法不予调整）。甲公司

2×18年的相关会计处理如下：

借：以前年度损益调整	83.33
管理费用	133.33
贷：累计折旧	216.66

其他相关资料：不考虑所得税等相关税费的影响，以及以前年度损益调整结转的会计处理。

要求：根据事项（1）至事项（3），判断甲公司对相关事项的会计处理是否正确，并说明理由；对于不正确的事项，编制更正有关会计处理的调整分录。

（答案中的金额单位用万元表示）

知识点

未决诉讼、会计估计变更、差错更正

扫码观看
视频解析

<解析>

（1）甲公司对事项（1）的会计处理不正确。

理由：2×18年12月31日之前研发支出资本化条件尚未满足，在满足资本化条件后对于未满足资本化条件时已费用化的研发支出不应进行调整。

调整分录如下：

借：管理费用	100
以前年度损益调整	500
贷：研发支出——资本化支出	600

（2）甲公司对事项（2）的会计处理不正确。

理由：上年度对诉讼事项的预计负债是基于编制上年度财务报表时的情形所作的最佳估计，在没有明确证据表明上年度会计处理构成会计差错的情况下，有关差额应计入当期损益。

调整分录如下：

借：营业外支出	50
贷：以前年度损益调整	50

（3）甲公司对事项（3）的会计处理不正确。

理由：固定资产折旧年限变更属于会计估计变更，不应追溯调整。会计估计变更后，按照剩余年限计算的每年折旧额 = $(1\,200 - 1\,200 \times 3/12) \div 6 = 150$（万元），即每半年折旧额为75万元。

调整分录如下：

借：累计折旧   91.66

  贷：管理费用   8.33[133.33-(50+75)]

    以前年度损益调整   83.33

经典试题 3·综合题

注册会计师在对甲股份有限公司（以下简称甲公司）2×14 年财务报表进行审计时，对其当年度发生的下列交易事项的会计处理提出疑问，希望能与甲公司财务部门讨论：

（1）7 月 20 日，甲公司取得当地财政部门拨款 1 860 万元，用于资助甲公司 2×14 年 7 月开始进行的一项研发项目的前期研究。该研发项目预计周期为两年，预计将发生研究支出 3 000 万元。该项目自 2×14 年 7 月开始启动，至年末累计发生研究支出 1 500 万元（全部以银行存款支付）。甲公司对于政府补助选择采用总额法处理，甲公司对该交易事项的会计处理如下（会计分录中的金额单位为万元，下同）：

借：银行存款   1 860

  贷：其他收益   1 860

借：研发支出——费用化支出   1 500

  贷：银行存款   1 500

借：管理费用   1 500

  贷：研发支出——费用化支出   1 500

（2）8 月 26 日，甲公司与其全体股东协商，由各股东按照持股比例同比例增资的方式解决生产线建设资金需求。8 月 30 日，股东新增投入甲公司资金 3 200 万元，甲公司将该部分资金存入银行存款账户。9 月 1 日，生产线工程开工建设，并于当日及 12 月 1 日分别支付建造承包商工程款 600 万元和 800 万元。甲公司将尚未动用增资款项投资货币市场，月收益率为 0.4%。甲公司对该交易事项的会计处理如下：

借：银行存款   3 200

  贷：资本公积   3 200

借：在建工程   1 400

  贷：银行存款   1 400

借：银行存款   38.40

  贷：在建工程   38.40

其中，冲减在建工程的金额=2 600×0.4%×3+1 800×0.4%×1=38.40（万元）。

其他相关资料：（P/A，5%，5）= 4.3295，（P/A，6%，5）= 4.2124，（P/F，5%，5）= 0.7835；（P/F，6%，5）= 0.7473。本题中有关公司均按净利润的10%计提法定盈余公积，不计提任意盈余公积。不考虑相关税费及其他因素。

要求：判断甲公司对有关交易事项的会计处理是否正确，对于不正确的，说明理由并编制更正的会计分录（无须通过"以前年度损益调整"科目）。

（答案中的金额单位用万元表示）

<解析>

> **知识点**
> 政府补助、所有者权益、差错更正

甲公司对事项（1）的会计处理不正确。

理由：与收益相关的政府补助，用于弥补以后期间将发生的费用或亏损的，应该先计入递延收益，然后在费用发生的期间转入当期其他收益。

更正分录如下：

借：其他收益　　　　　　　　　　　　930（1 860×1 500/3 000）

　　贷：递延收益　　　　　　　　　　　　　　　930

甲公司对事项（2）的会计处理不正确。

理由：企业采用增资的方式筹集资金，此时应该是将取得的现金增加股本金额，同时闲置资金的利息收益应该冲减财务费用。

更正分录如下：

借：资本公积　　　　　　　　　　　　3 200

　　贷：股本　　　　　　　　　　　　　　　3 200

借：在建工程　　　　　　　　　　　　38.40

　　贷：财务费用　　　　　　　　　　　　　38.40

扫码观看
视频解析

经典试题4·综合题

甲公司为境内上市公司，其2×15年度财务报告于2×16年3月20日经董事会批准对外报出。2×15年，甲公司发生的部分交易或事项以及相关的会计处理的如下：

资料一

2×15年7月1日，甲公司实施一项向乙公司（甲公司的子公司）20名高管人员每人授予20 000份股票期权的股权激励计划。甲公司与相关高管人员签订的协议约定，每位高管人员自期权授予之日起在乙公司连续服务4年，即可以从甲公司购买20 000股乙公司股票，购买价格为每股8元，该股票期权在授予日（2×15年7月

1 日）的公允价值为 14 元/份，2×15 年 12 月 31 日的公允价值为 16 元/份，截至 2×15 年年末，20 名高管人员中没有人离开乙公司，估计未来 3.5 年内将有 2 名高管人员离开乙公司。

甲公司的会计处理如下（会计分录中的金额单位为万元，下同）：

借：管理费用　　　　　　　　　　　　　　　　　　　　　63

　　贷：资本公积——其他资本公积　　　　　　　　　　　　　　63

资料二

为支持甲公司开拓新兴市场业务，2×15 年 12 月 4 日，甲公司与其控股股东 P 公司签订债务重组协议，协议约定 P 公司豁免甲公司所欠 5 000 万元贷款。

甲公司的会计处理如下：

借：应付账款　　　　　　　　　　　　　　　　　　　　5 000

　　贷：其他收益——债务重组收益　　　　　　　　　　　　　5 000

资料三

由于出现减值迹象，2×15 年 6 月 30 日，甲公司对一栋专门用于出租给子公司戊公司的办公楼进行减值测试。该出租办公楼采用成本模式进行后续计量，原值为 45 000 万元，已计提折旧 9 000 万元，以前年度未计提减值准备，预计该办公楼的未来现金流量现值为 30 000 万元，公允价值减去处置费用后的净额为 32 500 万元，甲公司的会计处理如下：

借：资产减值损失　　　　　　　　　　　　　　　　　　6 000

　　贷：投资性房地产减值准备　　　　　　　　　　　　　　6 000

甲公司对该办公楼采用年限平均法计提折旧，预计使用 50 年，截至 2×15 年 6 月 30 日，已计提折旧 10 年，预计净残值为零。2×15 年 7 月至 12 月，该办公楼收取租金 400 万元，计提折旧 375 万元。甲公司的会计处理如下：

借：银行存款　　　　　　　　　　　　　　　　　　　　400

　　贷：其他业务收入　　　　　　　　　　　　　　　　　　400

借：其他业务成本　　　　　　　　　　　　　　　　　　375

　　贷：投资性房地产累计折旧　　　　　　　　　　　　　　375

假定：不考虑相关税费及其他因素；不考虑提取盈余公积等利润分配因素。

要求：

（1）根据上述资料，逐项判断甲公司的会计处理是否正确，并说明理由；如果甲公司的会计处理不正确，编制更正的会计分录（无须通过"以前年度损益调整"科目）。

（2）根据资料一，判断甲公司合并财务报表中该股权激励计划的类型，并说明理由。

（3）根据资料三，判断甲公司合并财务报表中该办公楼应划分的资产类别（或报表项目），并说明理由。

（答案中的金额单位用万元表示）

＜解析＞

（1）资料一的会计不处理正确。

理由：母公司为子公司的员工授予股份支付，母公司应确认为长期股权投资；甲公司支付的股票为乙公司的股票，站在甲公司的角度，属于使用其他人股权进行股份支付，应作为现金结算的股份支付进行处理；2×15 年甲公司应确认的股份支付的金额 =（20-2）×20 000×16×6/48÷1 000 = 72（万元）。

更正分录如下：

借：长期股权投资   72

    贷：应付职工薪酬   72

借：资本公积——其他资本公积   63

    贷：管理费用   63

资料二的会计处理不正确。

理由：为支持甲公司开拓新兴市场业务，甲公司与其母公司（P 公司）签订了债务重组协议，该行为从经济实质上判断是控股股东的资本性投入，甲公司应将豁免债务全额计入所有者权益（资本公积）。

更正分录如下：

借：其他收益——债务重组收益   5 000

    贷：资本公积   5 000

资料三的会计处理不正确。

理由：投资性房地产的减值金额是账面价值与可收回金额进行比较确定的，可收回金额为预见未来现金流量的现值与公允价值减去处置费用后的净额较高者，投资性房地产的可收回金额为 32 500 万元。投资性房地产计提减值准备前的账面价值 = 45 000-9 000 = 36 000（万元），应计提减值准备 = 36 000-32 500 = 3 500（万元）。

更正分录如下：

借：投资性房地产减值准备   2 500（6 000-3 500）

    贷：资产减值损失   2 500

投资性房地产于 2×15 年 7 月至 12 月应该计提的折旧金额 = 32 500÷（50-10）×

6/12＝406.25（万元）

更正分录如下：

借：其他业务成本   31.25（406.25－375）

    贷：投资性房地产累计折旧   31.25

（2）甲公司合并财务报表中该股权激励计划属于以现金结算的股份支付。

理由：甲公司（母公司）授予其子公司的职工股票期权，甲公司以子公司的权益工具结算，并且接受服务企业没有结算义务，合并财务报表应当从母公司角度判断，作为以现金结算的股份支付核算。

（3）甲公司合并财务报表中该办公楼应该作为固定资产列示。

理由：站在集团整体角度看，甲公司将自有固定资产出租给乙公司的交易属于母、子公司内部交易事项，合并财务报表需要将其抵销，最终仍然作为固定资产列报。

经典试题 5·计算分析题

甲股份有限公司（以下简称甲公司）2×15 年更换年审会计师事务所，新任注册会计师在对其 2×15 年度财务报表进行审计时，对以下事项的会计处理存在质疑：

（1）自 2×14 年开始，甲公司每年年末均按照职工工资总额的 10% 计提相应资金计入应付职工薪酬，计提该资金的目的在于解决后续拟实施员工持股计划的资金来源，但有关计提金额并不对应于每一在职员工。甲公司计划于 2×18 年实施员工持股计划，以 2×14 年至 2×17 年四年间计提的资金在二级市场购买本公司股票，授予员工持股计划范围内的管理人员，员工持股计划范围内的员工与原计提时在职员工的范围很可能不同。如员工持股计划未能实施，员工无权取得该部分计入职工薪酬的提取金额。该计划下，甲公司 2×14 年计提了 3 000 万元。2×15 年年末，甲公司就当年度应予计提的金额进行了以下会计处理（会计分录中的金额单位为万元，下同）：

借：管理费用   3 600

    贷：应付职工薪酬   3 600

（2）为调整产品结构，去除冗余产能，2×15 年甲公司推出一项鼓励员工提前离职的计划。该计划范围内涉及的员工共有 1 000 人，平均距离退休年龄还有 5 年。甲公司董事会于 10 月 20 日通过决议，该计划范围内的员工如果申请提前离职，甲公司将每人一次性地支付补偿款 30 万元。根据计划公布后与员工达成的协议，其中的 800 人会申请离职。截至 2×15 年 12 月 31 日，该计划仍在进行当中。甲公司进行了以下会计处理：

借：长期待摊费用   24 000

 贷：预计负债   24 000

借：营业外支出   4 800

 贷：长期待摊费用   4 800

（3）2×15年甲公司销售快速增长，对当年度业绩起到了决定性作用。根据甲公司当年制定并开始实施的利润分享计划，销售部门员工可以分享当年度净利润的3%作为奖励。2×16年2月10日，根据确定的2×15年度利润，董事会按照利润分享计划，决议发放给销售部门员工奖励620万元。甲公司于当日进行了以下会计处理：

借：利润分配——未分配利润   620

 贷：应付职工薪酬   620

其他相关资料：甲公司按照净利润的10%提取法定盈余公积，不计提任意盈余公积。

不考虑所得税等相关税费因素的影响。甲公司2×15年度报告于2×16年3月20日对外报出。

要求：判断甲公司对事项（1）至事项（3）的会计处理是否正确并说明理由；对于不正确的会计处理，编制更正的会计分录（无须通过"以前年度损益调整"科目，不考虑当期盈余公积的计提）。

（答案中的金额单位用万元表示）

〈解析〉

知识点

职工薪酬、差错更正

事项（1）：甲公司该项会计处理不正确。

理由：该部分金额不是针对特定员工需要对象化支付的费用，即不是当期为了获取员工服务实际发生的费用，企业会计准则规定不能予以计提。涉及员工持股计划拟授予员工的股份，应当根据其授予条件等分析是获取的哪些期间的职工服务，并将与股份支付相关的费用计入相应期间。

更正分录如下：

借：应付职工薪酬   6 600

 贷：盈余公积   300

  利润分配——未分配利润   2 700

  管理费用   3 600

事项（2）：甲公司该项交易的会计处理不正确。

理由：该项计划原则上应属于企业会计准则中规定的辞退福利，有关一次性支付的辞退补偿金额应于计划确定时作为应付职工薪酬，相关估计应支付的金额全部计入当期损益，而不能在不同年度间分期摊销。

更正分录如下：

借：管理费用 24 000

 贷：营业外支出 4 800

  长期待摊费用 19 200

借：预计负债 24 000

 贷：应付职工薪酬——辞退福利 24 000

事项（3）：甲公司该项会计处理不正确。

理由：利润分享计划下，员工应分享的部分应作为职工薪酬并计入有关成本费用，因涉及的是销售部门，甲公司应将其计入 2×15 年销售费用。

更正分录如下：

借：销售费用 620

 贷：利润分配——未分配利润 620

▶ 模拟训练

模拟题 1 · 综合题

甲公司为上市公司，内审部门在审核公司及下属子公司 2×12 年度财务报表时，对以下交易或事项的会计处理提出质疑：

资料一

2×12 年 8 月 1 日，甲公司与丁公司签订产品销售合同。合同约定，甲公司向丁公司销售最近开发的 C 商品 1 000 件，售价为 800 万元；甲公司于合同签订之日起 10 日内将所售 C 商品交付丁公司，丁公司于收到 C 商品当日支付全部款项，丁公司有权于收到 C 商品之日起 6 个月内无条件退还 C 商品；2×12 年 8 月 5 日，甲公司将 1 000 件 C 商品交付丁公司，同时，收到丁公司支付的款项 800 万元。该批 C 商品的成本为 640 万元。由于 C 商品系初次销售，甲公司无法估计退货的可能性。

甲公司对上述交易或事项的会计处理为（会计分录中的金额单位为万元，下同）：

借：银行存款   800
  贷：主营业务收入   800
借：主营业务成本   640
  贷：库存商品   640

资料二

2×11 年 12 月 20 日，甲公司与 10 名公司高级管理人员分别签订商品房销售合同。合同约定，甲公司将自行开发的 10 套房屋以每套 960 万元的优惠价格销售给 10 名高级管理人员；高级管理人员自取得房屋所有权后必须在甲公司工作 5 年，如果在工作未满 5 年的情况下离职，需根据服务期限补交款项。2×12 年 6 月 25 日，甲公司收到 10 名高级管理人员支付的款项 9 600 万元。2×12 年 6 月 30 日，甲公司与 10 名高级管理人员办理完毕上述房屋产权过户手续。上述房屋成本为每套 672 万元，市场价格为每套 1 280 万元。

甲公司对上述交易或事项的会计处理为：

借：银行存款   9 600
  贷：主营业务收入   9 600
借：主营业务成本   6 720
  贷：开发产品   6 720

其他相关资料：不考虑其他相关税费，不考虑提取盈余公积等因素。

要求：根据资料一和资料二，逐项判断甲公司的会计处理是否正确，并说明理由，如果甲公司的会计处理不正确，编制更正甲公司 2×12 年度财务报表的会计分录（编制更正分录时可以使用报表项目，答案中的金额单位用万元表示）。

<解析>

资料一的会计处理不正确。

理由：附有销售退回条件的商品，如不能根据以往经验确定退回可能性，发出商品时风险和报酬未发生转移，不应确认收入和结转成本。

更正分录如下：

借：营业收入（或主营业务收入）   800
  贷：预计负债   800
借：应收退货成本   640
  贷：营业成本（或主营业务成本）   640

知识点

附带销售退回条件、职工薪酬、差错更正

扫码观看
视频解析

资料二的会计处理不正确。

理由：该项业务系向职工提供企业承担了补贴的住房且合同规定了获得住房职工至少应提供服务的年限的业务，应按市场价确认收入，市场价与售价的差额计入长期待摊费用，在职工提供服务年限内平均摊销。

更正分录如下：

借：长期待摊费用（或预付账款）　　　　　　　　　　　3 200

　　贷：营业收入（或主营业务收入）　　　　　　　　　　　3 200

借：管理费用　　　　　　　　　　　320（3 200÷5×1/2）

　　贷：应付职工薪酬　　　　　　　　　　　　　　　　　　320

借：应付职工薪酬　　　　　　　　　　　　320

　　贷：长期待摊费用（或预付账款）　　　　　　　　　　　320

模拟题 2·综合题

甲股份有限公司（以下简称甲公司）为一般工业企业，适用的所得税税率为25%，按净利润的10%提取法定盈余公积。假定对于会计差错，税法允许调整应交所得税。甲公司 2×11 年度的汇算清缴在 2×12 年 3 月 31 日完成。在 2×12 年度发生或发现如下事项：

（1）甲公司于 2×08 年 1 月 1 日起计提折旧的管理用固定资产一台，账面原价为500 万元，预计使用年限为 10 年，预计净残值为 20 万元，按直线法计提折旧。由于技术进步的原因，自 2×12 年 1 月 1 日起，甲公司决定对固定资产的折旧方法改为双倍余额递减法，同时估计使用寿命改为 8 年，预计净残值不变。

（2）甲公司有一项投资性房地产，为 2×08 年 12 月 31 日购入并于 2×09 年 1 月 1 日开始用于出租的办公楼。采用成本模式进行计量，该办公楼的原价为 2 000 万元，原预计使用年限为 20 年，预计净残值为零，采用年限平均法计提折旧，未计提减值准备。2×12 年 1 月 1 日，甲公司决定采用公允价值模式对出租的办公楼进行后续计量。2×09 年 12 月 31 日、2×10 年 12 月 31 日、2×11 年 12 月 31 日该办公楼的公允价值分别为 2 200 万元、2 500 万元、2 800 万元。

（3）甲公司自行建造的办公楼已于 2×11 年 6 月 30 日达到预定可使用状态并投入使用。甲公司未按规定在 6 月 30 日办理竣工决算及结转固定资产手续。2×11 年 6 月30 日，该"在建工程"科目的账面余额为 3 000 万元。2×11 年 12 月 31 日，该"在建工程"科目账面余额为 3 080 万元，其中包括建造该办公楼相关的专门借款在

2×11年7月至12月发生的利息80万元。

该办公楼竣工决算的建造成本为3 000万元。甲公司预计该办公楼使用年限为15年，预计净残值为零，采用年限平均法计提折旧。截至2×12年1月1日，甲公司尚未办理结转固定资产手续。假定税法计提折旧的方法、折旧年限和预计净残值与会计规定一致。

（4）甲公司于2×12年5月25日发现，2011年取得一项债券投资，取得成本为200万元，甲公司将其划分为其他债权投资。期末该项金融资产的公允价值为230万元，甲公司将该公允价值变动计入公允价值变动损益。甲公司在计税时，没有将该公允价值变动损益计入应纳税所得额。

要求：

（1）判断上述事项属于会计政策变更、会计估计变更还是重大前期差错。

（2）写出甲公司2×12年度的有关会计处理。

（计算结果保留两位小数，答案中的金额单位用万元表示）

<关键 知识点>
会计估计变更、会计政策变更、金融工具差错更正

<解析>

（1）事项（1）属于会计估计变更，事项（2）属于会计政策变更，事项（3）（4）属于重大前期差错。

（2）事项（1）不调整以前各期折旧，也不计算累积影响数，只需从2×12年起按重新预计的使用年限及新的折旧方法计算年折旧费用。

2×08年至2×11年累计折旧＝（500－20）×4/10＝192（万元），2×12年度折旧额＝（500－192）×2/4＝154（万元）。

借：管理费用 154

　　贷：累计折旧 154

事项（2）甲公司编制2×11年的调整分录如下：

借：投资性房地产——成本 2 800

　　投资性房地产累计折旧 300

　　贷：投资性房地产 2 000

　　　　递延所得税负债 275（1 100×25%）

　　　　盈余公积 82.5[1 100×（1－25%）×10%]

　　　　利润分配——未分配利润 742.5[1 100×（1－25%）×90%]

事项（3）更正分录如下：

扫码观看
视频解析

借：固定资产 3 000

　　贷：在建工程 3 000

借：以前年度损益调整 80

　　贷：在建工程 80

借：以前年度损益调整 100

　　贷：累计折旧 100

借：应交税费——应交所得税 45[（100+80）×25%]

　　贷：以前年度损益调整 45

借：利润分配——未分配利润 121.5

　　盈余公积 13.5

　　贷：以前年度损益调整 135

事项（4）更正分录如下：

借：以前年度损益调整 30

　　贷：其他综合收益 30

借：其他综合收益 7.5

　　贷：以前年度损益调整 7.5

借：利润分配——未分配利润 20.25

　　盈余公积 2.25

　　贷：以前年度损益调整 22.5

▶ 答题方法论

1. 高频考点总结

本专题在历年真题中的高频、中频、低频考点，如表 18 所示。

表 18　前期差错更正主观题考点分频

考点	内容
高频考点	收入的差错更正、金融工具的差错更正、政府补助的差错更正、职工薪酬的差错更正
中频考点	租赁的差错更正、投资性房地产差错更正
低频考点	固定资产的差错更正、无形资产的差错更正

2. 答题技巧

前期差错更正专题，按要求编写更正的会计分录，更正分录并不等同于正确分录，其关系为：错误分录+更正分录=正确分录。前期差错更正常见三种问题模式（如表19所示），近几年常考第二种问题模式，本专题通常会考查一道综合题，但是本章的掌握是建立在掌握其他章节知识能力之上，故本专题的练习适宜放在相对较后的位置。

表19　前期差错更正三种问题模式答题策略

类型	策略
编制更正的会计分录	调整以前年度损益类科目替换为"以前年度损益调整"科目
编制更正的会计分录（无须通过"以前年度损益调整"科目）	调整以前年度损益类科目直接用损益类科目
编制更正报表相关项目的会计分录	调整以前年度损益类科目直接用报表项目